Esther Strube

Der gute Geist im Hintergrund

Geschichte und Alltag der Frauen im Oberen Bregtal
Von 1179 bis Ende des 20. Jahrhunderts

Mauer Verlag
Wilfried Kriese
72108 Rottenburg a/N
Buchgestaltung: Wilfried Kriese
Titelbild: Julia Kossow/Konstantin Enzinger
2009
ISBN 978-3-86812-171-1

www.mauerverlag.de

Dienen lerne beizeiten das Weib nach seiner Bestimmung
(Goethe, Hermann und Dorothea)

Inhalt

Vorwort von Evelyne Gebhardt, MdEP 10
Zur Einführung 11
Neuland: 13
Versuch also 14
Weibliche Prominenz im Lauf der Jahrhunderte 15
Der Hexenwahn 17
Die Frau gehört ins Haus 20
Ab 1700 - die Neuzeit 31
Häusliche Gewalt 36
Vom Zusatzeinkommen zur Industrie – Strohflechten und Uhrenmachen 38
Gesetzliche Einflüsse 48
Vor zweihundert Jahren – die Anfänge der Mädchenbildung 50
Lehrerinnen / Selbständige / Fabrikarbeiterinnen 57
Die Lehrerinnen 57
Die Selbständigen 60
Die Fabrikarbeiterinnen 63
Frauen treten in die Öffentlichkeit / Die Frauenvereine 68
Der Alltag der Arbeiterfrauen um die Jahrhundertwende 74
Der erste Weltkrieg 81
Die Zwischenkriegszeit 84
Das dritte Reich 89
Das Ostarbeiterinnen-Lager bei der BADUF 96
April 1945 - Der Krieg war vorbei 100
Die Miterwerbstätigkeit der Frauen – 109
Die Heimarbeit 111
Die Firma Gebr. Faller, 112
Die außerhäusliche Erwerbstätigkeit 114
Öffentlichkeit - Frauen „sind einfach da“ 116
A n h a n g 119
Endnoten 123

Vorwort von Evelyne Gebhardt, MdEP

Dieses Buch erscheint zu einem günstigen Zeitpunkt in einem Jahr, das aus frauenrechtlicher Perspektive geradezu zu einem Rückblick einlädt. So jährt sich das Frauenwahlrecht in Deutschland zum 90. Mal wie auch die erste Rede einer Frau in einem deutschen Parlament, dem Reichstag, gehalten von Marie Juchacz. Dieses Buch blickt aber noch viel weiter zurück und beschreibt vom frühen Mittelalter bis zur Gegenwart die Geschichte und den Alltag von Frauen im Oberen Bregtal rund um Furtwangen. Diese Geschichte ist von einem langen und sehr schmerzhaften Weg zur Gleichstellung gekennzeichnet, den Frauen nicht nur in Furtwangen sondern in ganz Europa beschritten haben. Noch heute, zu Beginn des 21. Jahrhunderts, ist dieser Weg nicht beendet, auch wenn schon ein gutes Stück der Strecke zurückgelegt werden konnte.

Die Geschichten von den Frauen im Oberen Bregtal sind ein wertvoller Beleg dafür, wie schwer und mühselig sich der Weg der Frauen im Laufe der Jahrhunderte gewandelt hat. Substantielle Fortschritte sind eigentlich erst im 20. Jahrhundert erreicht worden. Die Einführung des Frauenwahlrechtes ist dafür ein Beispiel. Die im Grundgesetz verankerte Gleichstellung von Frau und Mann, die sich später, teilweise erst Jahrzehnte später, in Reformen des Bürger-, Ehe- und Familienrechtes konkret niederschlug, ein weiteres.

Doch die gesetzliche Verankerung von Frauenrechten ist das Eine, ihre gesellschaftliche Umsetzung das Andere. Zwischen den Gesetzen und der gesellschaftlichen Wirklichkeit klaffen zum Teil Jahrzehnte und mehr. Noch heute sind Frauen in Parlamenten eher die Ausnahme als die Regel, insbesondere auf der kommunalen Ebene, wie es auch im Buch so treffend beschrieben wird. Noch heute sind Frauen in Führungspositionen von Unternehmen und Verwaltungen wesentlich seltener anzutreffen und das, obwohl es dafür keinerlei objektive Gründe gibt. Noch heute verdienen Frauen wesentlich weniger im Job, obwohl der Grundsatz gleiches Entgelt für gleichwertige Arbeit längst kodifiziert ist und noch heute liegt das Armutsrisiko bei Frauen wesentlich höher als bei Männern, obwohl dieser Missstand schon viele, viele Male an Rednerpulten angeprangert wurde.

Die Gründe für die nach wie vor unvollendete Gleichstellung von Frauen und Männern werden in diesem Buch anhand der vielen biographischen Berichte von Frauen in Furtwangen exemplarisch und sehr konkret beschrieben. Darin liegt der besondere Reiz dieses sehr lesenswerten Buches.

Zur Einführung
Was wir als „Geschichte" bezeichnen, ist die Geschichte der patriarchalen Kultur!

Spezielle Frauen-Geschichte, auch lokale Frauengeschichte, zu erzählen ist selbst zu Anfang des 21. Jahrhunderts nicht üblich. Macht es überhaupt Sinn? Und ausgerechnet aus dem Furtwanger Raum? Abseits aller großen Kultur- und Wirtschaftszentren? Ist Frauen-Geschichte denn nicht „bloß" Alltags-Geschichte, unbedeutend, gleichförmig, langweilig? Handelt sie denn nicht durch die Jahrhunderte immer nur von täglicher Mühsal und (verordneter) Aufopferung, von Dienen und Stell-vertreten? Buchstäblich gefleddert von der objektiv patriarchalen Geschichtsschreibung? Wo bleiben ihre „großen", ihre „ehr"-würdigen Leistungen? Frauengeschichte dokumentiert sich weder in allgemeiner, noch Industrie-, noch Wirtschafts-, noch Kunstgeschichte. Frauen-Handeln ist seit „ewigen Zeiten" minderes, nachrangiges, Handeln, es wurde nie übers Geld definiert und fand daher nicht statt. Arbeit ist nun mal „bezahltes" Tun, definierte und bewertete Leistung. Alles Andere ist „Freizeit", ist „Hobby", höchstfalls „Sorgen" oder „Ehrenamt". Ausnahmen bestätigen bis in die jüngste Zeit hinein nur die Regel. Frauengeschichte ist schlicht nicht vorhanden – warum?

Gerade heute, im 21. Jahrhundert, da Emanzipation weitestgehend als „Gleichschaltung" in die patriarchal-funktionalistische Kultur hinein (miss-)verstanden wird, ist das Thema von brennender Aktualität.

Läßt sich Frauen-Dasein als Unterfutter, als Nachtseite, womöglich komplementär zur patriarchalen Kultur verstehen? Die beiden Seiten der einen, gesellschaftlichen, Medaille? Blenden wir in gebotener Kürze in die Bewusstseinsgeschichte zurück: Bereits um 500 v. Chr. soll der griechische Philosoph Pythagoras „zwei widerstreitende Prinzipien" erkannt haben – ein „gutes, das den

Mann, das Licht und die Ordnung und ein schlechtes, das Weib, Chaos und Dunkelheit geschaffen hat!“

Diese beiden „widerstreitenden Prinzipien“ wirken in den absoluten Gegensatzpaaren des Idealisierens und Diskriminierens bis heute nach: Tag und Nacht / Heilig und profan / Gut und Böse / Himmel und Hölle / Licht und Finsternis / weiblich und männlich / Rechts und Links / Leben und Tod! Die Liste ist sehr unvollständig…

Früher oder später stößt in dieser Gesellschaftsordnung jede Frau auf die Tatsache ihrer Minderwertigkeit mythisch, gesellschaftlich, privat. Warum? Selbst die Verfasser des Grundgesetzes der Bundesrepublik Deutschland, das in Artikel 3/1 doch die Gleichheit ALLER Menschen postuliert, sahen sich aus durchaus gutem Grund veranlasst, umgehend einen speziellen Absatz zu formulieren: „Männer und Frauen sind gleichberechtigt!“ Der Soziologe Theodor W. Adorno ist überzeugt daß der weibliche Charakter und das Ideal der Weiblichkeit, nach dem er modelliert ist, „Produkte der männlichen Gesellschaft“ sind.

Hatte Rolf Zundel [1] also vor mehr als 20 Jahren doch Recht, als er in der ZEIT feststellte, “wie sich die Welt spaltete: Die wirtschaftliche und technische Eroberung der Welt als Aufgabe für die Männer, die emotionale Dienstleistung für die Frau – eine Entwicklung, die beide und ihrer beider Welt krank machte?“

Mir war es deshalb auch wichtig, die lokalen Verhältnisse in einen größeren geschichtlichen Zusammenhang zu stellen – sie mit dem Jahrhunderte langen Kampf der Frauenbewegung zu verknüpfen. So habe ich in den entsprechenden Zeitabschnitten einige „große Gestalten“ der Frauenbewegung eingefügt.

Neuland:

Seit etwa 150 Jahren – auch als logische, wenngleich verdrängte, Folge gesellschaftlicher Umwälzungen, von Kriegen und Wirtschaftskrisen – rückt allmählich eine bisher nicht, bzw. kaum wahrgenommene, gesellschaftliche Dimension ins öffentliche Bewußtsein – Frauenleben! Lokale Frauengeschichte ist weiten Teils exemplarisch zu verstehen, denn Gesetze, Sitten und Bräuche wirken ja im „Kleinen" ebenso wie im „Großen", im „privaten", wie im „öffentlichen" Leben.
Schriftliche Quellen sind naturgemäß spärlich. Die wenigen schriftlichen Dokumente, die mir in Form von Archivalien, Statistiken, Gerichtsprotokollen oder – seit 1898 – Zeitungsberichten zugänglich waren, zeigen einen sehr begrenzten Ausschnitt weiblichen Lebens – soweit dieses Leben auf der „Abseite" unserer Gesellschaftsordnung eben – z. B. durch die bürgerlichen Frauenvereine und daraus folgend lokalen Zeitungsberichten – öffentlich wurde. Frauen-Geschichte ist nicht-öffentliche, erzählte Geschichte, also weitgehend „mündliche Überlieferung". Und erzählend – aber selbstverständlich mit Quellenangaben – will ich sie weiter geben. Ich habe viele spannende, persönliche Gespräche geführt, manchmal war es wie eine „Kettenreaktion" – „fragen Sie doch mal..." – und ich fragte viel! Durch all diese Begegnungen fühle ich mich reich beschenkt und kann dafür nur danken. Besonderer Dank aber gebührt dem kürzlich verstorbenen Dr. Helmut Kahlert, der den Anstoß zu dieser Arbeit gab, ferner Stadtarchivar Dr. Ludger Beckmann, von dem ich viele Hinweise bekam und der mir half, die alten (auch lateinischen) Schriften zu verstehen. Dank aber auch an Bernhardenbauer Bernhard Dorer, dem ich die Informationen über die örtlichen Ordensfrauen verdanke. Herzlichen Dank aber auch den vielen Frauen, die sich bereitwillig auf meine Fragerei einließen.

Versuch also

Auf der Grundlage von Gesetzen, Bräuchen, und damit natürlich gesellschaftlichen Verhältnissen, auf die sie bis in die neuere Zeit hinein höchstens indirekt Einfluss hatten, sollen Leben und Arbeit der Frauen im Raum Furtwangen ins Licht der Öffentlichkeit geholt werden:

Es dauerte ab der Ersterwähnung Furtwangens im Jahr 1179 Jahrhunderte, bis Frauen in die Öffentlichkeit traten. Öffentlich „wahrgenommen" wurden sie zunächst vor allem als Hexen. Aber viele der zum Tod Verurteilten blieben ohne Namen. Geburts- und Totenbücher wurden erst später eingeführt. Namenlosigkeit gehörte in gewisser Weise auch zur Strafe. Gelegentlich aber lebten die Unglücklichen auch als Mythen weiter [2]. Die Sagen über die „Gfäll-Rote", das „Plattenwibli" und die „Wälder-Karline" sind weitere Beispiele für diese „Aus-der-Welt-Gefallenen", oder vielmehr -Gestoßenen, die zwar nicht „gestraft", wohl aber aus unterschiedlichen Gründen gesellschaftlich geächtet wurden. Das konnte schon einer Frau mit roten Haaren passieren.

Weibliche Prominenz im Lauf der Jahrhunderte
*

Maria Theresia (1717 – 1780). Kaiserin von Österreich, Königin von Böhmen und Ungarn. Sie führte im Inneren viele Reformen durch.
Mit Sicherheit war sie die prominenteste Frau, die auf die Furtwanger Geschichte Einfluß nahm.

Sie regierte von 1740 bis 1780 und war nach Stadtarchivar Dr. Beckmann[3] auch die Kaiserin der Furtwanger. Die Verwaltung Vorderösterreichs, und damit der Kameralherrschaft Triberg, lag ab dem 14. Jh. in den Händen der habsburgischen Behörden. 1761 bewilligte die Kaiserin dem damals zu Vorderösterreich gehörenden Furtwangen den heiß und zäh erstrittenen „Frucht- und Obstabstoß", ebenso die Abhaltung des Barbaramarktes am 4. Dezember. *

Gerd Bender[4] berichtet, „einen großen Einfluss übte auch die geborene Freiin Klara von Gleichenstein, die Ehefrau des Obervogts Huber, auf die wirtschaftlichen Verhältnisse in der Herrschaft Triberg aus. Die Tochter des St. Blasischen Obervogts zu Staufen „unterstützte die Bemühungen ihres Mannes auf besondere Art". Während der Obervogt sich um Beschaffung und Pflege des Strohes bemühte, kümmerte sich seine Frau um die Flechtausbildung der Frauen und Kinder und den Umgang mit feinsten Geflechten.

Sucht man nach weiblicher Prominenz an Hand von Furtwanger Straßennamen, so findet man zunächst die heilige Barbara: Sie ist neben St. Cyriak die zweite Furtwanger Stadtpatronin. Vermutlich weil die Bauern sie „bei aufziehendem Unwetter und zur Abwendung von Blitzgefahr" anriefen, kam sie zu Furtwanger Patronatsehren. Der Einfluss der berühmten Heiligen auf die Furtwanger Geschichte ist – im Unterschied zur Kaiserin – aber nicht aktenkundig. Seit 1971 ist der Heiligen Barbara ein Weglein im Kussenhofgebiet gewidmet.[5]

Bereits 1905 durfte die badische Landesmutter, Großherzogin Luise, geb. Prinzessin von Preußen, dem Zufahrtssträßlein zum einstigen Krankenhaus Pate stehen. Das 1903 eingeweihte Krankenhaus selbst trug auffallender Weise den Namen der Großherzogin Hilda – wenngleich mit einiger Verspätung. Robert Siedle berichtet: *„Im Jahr 1915 hat die ehemalige Landesmutter, Großherzogin Hilda, den verwundeten Kriegern im hiesigen Krankenhaus einen Besuch abgestattet; bei dieser Gelegenheit erkundigte sich die hohe Frau u. a. nach dem Namen der Anstalt. („die Gesichter hätte ich sehen mögen") Der Bürgermeister Herth hatte sich aber bald wieder in der Gewalt; mit feierlicher Miene erwiderte er, dass man nur auf eine passende Gelegenheit gewartet hätte, um königl. Hoheit persönlich zu bitten, die Patenschaft für das Hilda-Krankenhaus zu übernehmen. Die Großherzogin soll mit einem viel sagenden Lächeln gemeint haben, der Täufling wäre doch schon etwas außergewöhnlich betagt (12 Jahre alt), zeigte sich aber über die ihr zugedachte Huldigung erfreut".* Dank der Geistesgegenwart des Bürgermeisters, so berichtet Siedle weiter, erhielt die Stadt bald darauf hin ein Patengeschenk in Gestalt eines modernen Krankentransportwagens. Nach dem Ende der Monarchie verschwand der Name. Erhalten blieben lediglich das „Städtische Krankenhaus" und die „Luisenstraße".[6]

In neuerer Zeit wurde die Widerstandskämpferin Sophie Scholl, zusammen mit ihrem Bruder Hans mit einem Sträßlein gewürdigt. Die Hauptstraßen heißen freilich noch immer „Wilhelm-, Bismarck- und Friedrichstraße. Eine gebürtige Furtwangerin war lediglich Cölestine Eisele, geb. Kürner. Sie war als Gründerin der Strohflechtschule und erste Flechtlehrerin weit über Furtwangen hinaus bekannt.

Der Hexenwahn

Eine außergewöhnlich dramatische Phase, nicht nur aber überwiegend weiblichen Lebens war gewiss innerhalb des furchtbaren dreißigjährigen Krieges (1618 – 1648) der Hexenwahn. Bereits im Jahre 1484 erließ Papst Innozenz VIII. eine Bulle gegen die Hexerei. Eine Bulle ist die feierlichste Form eines päpstlichen Erlasses. Kaiser Karl V. setzte diese Bulle 1532 um in die so genannte „Halsordnung“ (cautio criminalis) Damit waren die Hexenprozesse der weltlichen Gerichtsbarkeit unterstellt. Es dauerte aber bis weit ins 17. Jahrhundert, bis der Hexenwahn die Region um Triberg erreichte. Vermutlich spielte damals der Obervogt Fabry eine unheilvolle Rolle. Die Definition dessen, was eine Hexe ist, war so umfassend, dass es praktisch kein Entrinnen gab. Missgunst und Eifersucht führten schnell zu übler Nachrede, bis hin zur Denunziation. Naturkatastrophen und Krankheiten, die Unfruchtbarkeit der Frauen, die Impotenz der Männer, Fehlgeburten bei Mensch und Tier, all das wurden den Unglücklichen angelastet. Ein weit verbreiteter Aberglaube war die „Teufelsbuhlschaft“ – Konsequenz einer buchstäblich „verteufelten“ Sexualität. Alle Nöte der damaligen Zeit wurden hier praktisch niedergelegt und konnten Menschen angelastet werden, denen man nicht wohl gesonnen war. Die Foltermethoden, die auch bei den hiesigen Verdächtigten angewandt wurden, sind u. a. im Foltermuseum Freiburg erbarmungslos belegt. Aus Furtwangen und der engeren Umgebung sind insgesamt acht Hinrichtungen bekannt. Vier davon betrafen Frauen. Am 27. Januar 1638 wurde in Triberg eine „**Ganterin aus Furtwangen**“ zum Richtplatz geführt. Vorname und Geburtsdatum sind nicht mehr feststellbar, denn erst ab 1645 werden Ehe- und Totenbücher geführt. Der Fall: Während des dreißigjährigen Krieges verendete in Furtwangen das Pferd eines einquartierten Soldaten an einer unerkannten Seuche. Wohl infolge unbedachter Schwätzereien einer Bekannten – laut Akten einem „Weiblein aus dem Kinzigtal" - wurde diese „Ganterin" beschuldigt, das Pferd verhext zu haben, obwohl die Pferde „nicht (nur) einzeln, sondern fast schwadronenweise zusammen brachen." Der Soldat nun „belastete ein ärmliches Weiblein, das das Spitalhaus in Triberg besuchte. Dieses, durch Gefälligkeiten und Schenkungen des Soldaten erweicht, hatte wohl in ihrer Unbedachtheit ausgeplaudert, sie kenne den Anstifter des „Pferdemordes". Obwohl die beschuldigte „Ganterin" dem Soldaten sogar noch den Wert des Pferdes erstattete, wurde sie auf den Richtplatz in Triberg zum Scheiterhaufen geführt, übrigens zusammen mit der Denunziantin, dem „**Weiblein aus dem Kinzigtal**". Auch sie ist namentlich nicht bekannt. Beide Frauen, so schreibt der Abt Gaiser, wurden „durch die Sakramente fromm versehen, bei stürmischem Wetter hinausgeführt, zuerst enthauptet dann verbrannt und büßten so ihre Schuld". [7]

Agatha Ketterin, Bäuerin auf dem unteren Lehmannsgrundhof in Gütenbach, verheiratet mit Marte Kern, wurde des so genannten Milchzaubers bezichtigt. Mit der Formel „us jedem Huus e Leffili voll"(aus jedem Haus ein Löffelchen voll) soll sie den Rahm aus den umliegenden Höfen auf den „Ankenbühl" – heute Kaiserebene – gehext haben um daraus nachts den „Anken" (Butter) zu stoßen. Die Kühe der damaligen Zeit gaben wenig Milch, der Rahm musste also über längere Zeit hinweg im „Milchhäusle" über dem Brunnen gesammelt werden. So ist die Vermutung begründet, dass der Rahm, bzw. die gestoßene Butter, dadurch oftmals einen muffigen Beigeschmack bekam.

Heute geht man davon aus, dass Agatha Ketterin über außergewöhnliche Kenntnisse bei der Butterherstellung verfügte, z. B. welches Futter, darunter eben auch bestimmte Kräuter, für die Qualität vorteilhaft war, wie man den Rahm behandeln musste usw.. Dieses Wissen mochte Neid und Missgunst von Schwager und Schwägerin geweckt haben, denn nach mündlicher Überlieferung steckten diese hinter der Denunziation. Agatha Ketterin wurde nach „peinlicher Befragung“ gefoltert und auf dem Richtplatz in Triberg lebendig verbrannt.[8]

Waldburg Valler: Sie war das dritte von 12 Kindern der Eheleute Theis Valler und Veronika Märkhin (Heirat um 1609) vom Oberfallengrundhof. Nach dem Tod von Theis Valler heiratete Veronika Märkhin ein zweites Mal – Urban Dold. Er war das erste Opfer des Hexenwahns auf dem Oberfallengrund. Das zweite war sein Stiefsohn Bartle Valler aus der ersten Ehe von Veronika Märkhin – der jüngste Bruder von Waldburg, der den Hof übernommen hatte. Bartle Valler hatte am 17.6.1636 in zweiter Ehe Ursula Hummelin aus Gütenbach geheiratet. Er wurde am 27. Januar 1637 hingerichtet, sein Sohn Johann kam im Mai zur Welt. Die Schwester Waldburg – ihr Geburtsdatum ist nicht bekannt – heiratete Balthasar Wintermantel im Katzensteig, in zweiter Ehe Hans Walter vom Fallerhof in St. Märgen-Zwerisberg. Ernst Hug[9] vermutet, dass das Ehepaar wirtschaftlichen Erfolg hatte, was „die Neider auf den Plan rief“.

Nach Einkerkerung, Folter und peinlicher Befragung wurde sie am dritten August 1630 auf dem Richtplatz in Freiburg zum Scheiterhaufen geführt.

Solche Prozesse hatten natürlich auch wirtschaftliche Folgen. Die Angehörigen hatten die Kosten zu tragen, davon wollten nicht nur Kaiserhaus und Obervogt, sondern auch das jeweilige Kloster profitieren. Unter Berufung auf Gott stritt sich die Äbtissin Cleophäa Tucher des Villinger Klosters St. Clara bei Hinrichtungen mit dem fürstenbergischen Obervogt Fabri um die Erbschaftssteuer, die dieser dem Kloster offensichtlich vorenthalten wollte.

Die Frau gehört ins Haus

Gesellschaftliche und wirtschaftliche Bedeutung

Das Leben der Menschen im Gemeinwesen Furtwangen war über Jahrhunderte geprägt durch ständische Gesellschaftsstrukturen und entsprechende Eigentumsverhältnisse - Furtwangen gehörte dem Kloster St. Georgen, Neukirch dem Kloster St. Peter und Gütenbach dem Kloster St. Margarethen in Waldkirch. Gesellschaftsstrukturen und Brauchtum bedingten sich. Nach gesellschaftlichem Konsens gehörte die Frau ins Haus. Mit Fug und Recht können Sitte und Brauchtum als die Vorläufer von Gesetzen bezeichnet werden. Sie waren - unter Androhung von Sanktionen - mindestens so streng zu beachten wie später die kodifizierten Gesetze. „Der Brauch ist die Schule, das Maß und das Gesetz des Bauern“[10] In der Regel wurden Bräuche aber rigoroser gehandhabt, da die soziale Kontrolle unmittelbarer funktionierte.
Weil es in aller Regel um eindeutige Besitz- und Erbverhältnisse ging, wurden die sexuellen Beziehungen der Töchter rigoros überwacht, Verstöße – sofern sie öffentlich wurden – bei Frauen und Männern unerbittlich geahndet. Pranger und Prügel waren die üblichen Strafen. Bräuche und Sitten waren die Machtinstrumente der patriarchalen Gesellschaft – und die Vorläufer der Gesetzgebung! Auf die unzähligen, meist belastenden, Sitten und Bräuche, die sich um das weibliche Leben, um Hochzeit, Geburt und Tod rankten, kann hier nur verwiesen werden. Besonders bedrückend waren die Bräuche, die Sexualität und Schwangerschaft betrafen. Noch in den Fünfziger-Jahren wurde bei katholischen Beerdigungen gebetet „in Schuld hat meine Mutter mich empfangen!“ Über Jahrhunderte hinweg galten Frauen, die geboren hatten, als „unrein“, sie durften den Stall nicht betreten und kein Wasser in die Wochenstube tragen. Erst musste die junge Mutter ausgesegnet werden. Das war jedoch das Vorrecht der verheirateten Mutter, unverheirateten wurde es nicht gewährt[11]. Während der Menstrua-

tion durften Frauen nicht beim Schlachten helfen, in der Zeit zwischen Weihnachten und Dreikönig durfte nicht gewaschen werden, denn „sonst muss Eins gehen" (sterben). Tat die junge Bäuerin es dennoch, konnte sie sehr wohl für einen familiären Todesfall (mit-) verantwortlich gemacht werden. Dass daraus Verbitterung und Streit zwischen Schwiegermüttern und -töchtern entstehen musste, liegt auf der Hand. Die Geschichten über Streitigkeiten zwischen Schwiegermüttern und -töchtern über die Vorherrschaft im Haus sind ohne Zahl – bis heute. Sie sind eindeutig Folge von „Brauch und Sitte".

Dem Vorbild des Adels folgend, wurden auch Bauern-Töchter als „Kapital" betrachtet. Die großen Kirchenfeste wie Kirchweih und Ostern, vor allem aber Hochzeiten waren immer auch wichtige Heiratsmärkte.(Z.B. noch anfangs der fünfziger Jahre des 20. Jhd. fand zu Ostern im „Sternen" in Obersimonswald ein so genannter „Kälbermarkt" statt, mit Blaskonzert und Tanz vom frühen Nachmittag bis in die späte Nacht). Bei solchen Anlässen wurden körperliche Attraktivität aber auch mögliche Mitgift begutachtet denn – so der Volksmund –„Schönheit vergeht, Hektar besteht". Insbesondere die erste Ehefrau, von der der Hofnachfolger erwartet wurde, unterlag strengen Maßstäben was die Gebärfähigkeit betraf. Entgegen der unnachgiebigen, kirchlichen Forderung nach vorehelicher Keuschheit war es in der gesellschaftlichen Praxis nicht selten der Fall, dass die Gebärfähigkeit der künftigen Bäuerin bereits vor der Ehe getestet wurde. Eine Bäuerin erzählte, es habe „früher" Kammern gegeben, deren Türen durch ihre „Knarrgeräusche" kontrollierbar waren, aber auch solche, die absolut geräuschlos funktionierten. Inwieweit folgende Auskunft auch auf Furtwangen und Umgebung zutrifft, läßt sich nicht genau abgrenzen: Blieb die Bäuerin aus irgendwelchen Gründen kinderlos, konnte die „Obermagd" in diese Funktion eintreten. Bekam sie einen Sohn, soll ihr der gleiche Respekt gebührt haben wie der Bäuerin. Habe sie dagegen „nur" eine Tochter bekommen, habe

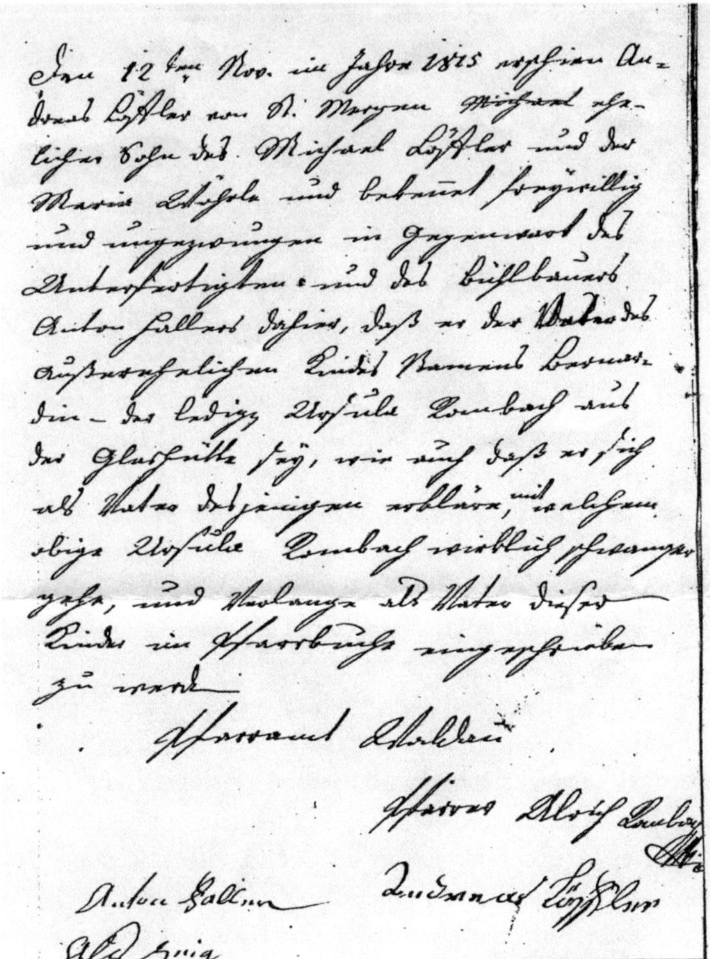

Den 12ten Nov. im Jahre 1815 erschien Andreas Löffler von St. Märgen ~~Michael~~ ehelicher Sohn des Michael Löffler und der Maria Wehrle und bekenet freywillig und ungezwungen in Gegenwart des Unterfertigten und des Bühlbauers Anton Faller dahier, daß er der Vater des außerehelichen Kindes namens Bernardin – der ledigen Ursula Rombach aus der Glashütte sey, wie auch daß er sich als Vater desjenigen erkläre, mit welchem obige Ursula wirklich schwanger gehe und verlange als Vater dieser Kinder im Pfarrbuche eingeschrieben zu werden.

Pfarramt Waldau

Pfarrer Ulrich Rombach

Anton Faller
als Zeig (Zeuge)

Andreas Löffler

Vortrag zur Bauernküche aus dem Jahre 1715

Sie dürfen sehen und hören wie man früher lebte:

Das ist eine Bauernküche wie vor mehreren Jahrhunderten, unverändert erhalten. Die Mauerecke über 2 Feuerstellen ist der Feuerschutz für das Haus. Granitsteinkochherd für Mensch und Tier, Brennstoff klein und groß Holz. Ofen zum heizen und backen, wenn innen defekt, schlupf ich rein und reparier ihn mit Lehmteig. Der Ofen ist 2 Meter tief. Brennstoff Reisbüschel. Wenn Gästefrei, beide Feuerstellen in Betrieb. Haus samt Türen sind holzgenagelt.
Licht vor Elektrisch; Petrol, Kienspan aus Buchenholz. Aufsichtsperson schlug abgebrannt Stück in Wasserkübel. Zündung durch Feuerstein. Zündschwamm und Eisen, Töpf, Geräte 30 - 130 Jahre; Küchenschränke 150 - 250 Jahre, Gußtöpfe um 1715 und viel älter. Oben automatisch Speck räuchern im Winter, bis fertig dauert es 2 - 3 Monate, Wursthänge, Rauchabzug. Leiter zum Specktransport (im Sommer Speckräuchern unmöglich; Schmeißfliegen).

Haus 1715 erbaut, ist eines der jüngsten dieser Art. Baustiel Heidenhaus. Ob Name von Heidentum oder Heideland ist unbekannt. Die meisten solchen Häuser sind 100 - 300 Jahre älter, aber modernisiert. Bauwerk stabil, Holz hart von Rauch.
Genau so stabil waren scheins die Hausbewohner, die fast alle im Alter zwischen 80 - 93 Jahre starben, Tuberkulose und Krebs hatte keines. Mit 82 Jahren las meine Großmutter Zeitung ohne Brille, Beweis: Kein Rauchschaden. Abgelagertes Holz feuern. Kohle, Öl nicht. Essen meist eigen ohne künstlich Zeug. Vieh, Hühner nach Bedarf. Landwirtschaft Kleinbetrieb, jetzt einige Maschinen. Arbeit wie zweckmäßig Notwendiges zuerst. Überflüssige Hausarbeit unterbleibt um Zeit und Körperkraft nützlicher zu verwenden, statt endlos Frauenarbeit wie Katz hinter der Maus her. Nicht alles wegwerfen, wiederverwenden. Einkauf nach wirklichem Bedarf. Vieles selbermachen. Familie stand einst im Vordergrund mit Arbeit im Stall, Feld, Wald und Garten. Frau nicht berufstätig. Hausindustrie gabs: Strohgeflecht, Hüte, Schuhe, Taschen, Uhrmachen und vieles andere. Geselligkeit: Singen, Spielen, Erzählen, Nachbarbesuch und gutes Vesper (Wurst/Speck usw.).

Keine Fahrzeug wie heut: Arbeit und Freizeit daheim (Unfälle auf den Straßen sehr selten). Stube Aufenthaltsraum, Küche nicht. Kinder hatten in einer Küche grundsätzlich nichts zu suchen (Gefahrenquelle: Verbrühen, Verbrennen, Zündeln usw.). Sie waren nicht stets bei der Mutter, sondern bei anderen Familienangehörigen im Sommer viel im Freien. Im Winter in anderen Räumen im Hause.
Vielerorts wurde Wolle und Flachs gesponnen und für den eigenen Bedarf verarbeitet (Beim Weber, Schneider in Auftrag gegeben). Essen: früh und abends; Supp, Kartoffel und Milch, Mittags: Schweiners oder Mehlspeisen mit Gemüse, Vesper: Speck, Wurst, Butter, Quark, eigenes Brot.

Hausarbeit einfach: Eine Putzwoche jährlich. Die ganze Familie half zusammen) und 4 Waschtage (Großwäsche). Kleider und Wäsche schonen. Zu schmutziger Arbeit, dunkle Kleider, große Schürzen aus Sackleinen. Betten viel lüften. Nach Heimkehr von Stadtgang, Kirch- oder Schulbesuch sofort Alltagskleider anziehen, auch Alltagsunterwäsche. So blieben die guten Stücke zum Ausgehen lange sauber. Kleiderwechsel nach Heimkehr wurde sehr streng beachtet.

Tanbandnachschrift von Maria Hoch

Agrarüberschuß gabs nicht, die Bauern aßen das selber und brauchten statt dessen nichts zu kaufen. Selbstgezeugtes hatte immer Vorrang.

Kinder: Winter Ganztagsschule, Essen mitnehmen, strenge Zucht und Ordnung. Sommer, viel schulfrei zur Mithilfe in der Landwirtschaft. Keine Schi, aber Schneereifen auch Schneeschuh genannt. Klotzschleifen (Konischer Holzklotz von Pferd gezogen) und Pferdeschlitten als Schneeräumgerät auf den Straßen. In Familien viel gemeinsam. Arbeit, Mahlzeit, Sorge für Kinder, Gespräch miteinander, tägliches Gebet und Sonntagsheiligung. Religion und Gottvertrauen waren tragendes Fundament. Großfamilie bot soziale Geborgenheit für Jung und Alt, Gesunde und Kranke, arbeitslos gabs nicht, bei Krankheit viel Selbsthilfe. Gang zum Arzt Ausnahme und nur in wirklich ernsten Fällen. Früher lebte der Mensch, heut wird er gelebt. Alles vorprogrammiert vom Kindergarten bis Rentenalter. Wenig Eigenleben, viel Leere und Flucht in Zerstreuung.'

Einst schaffte man härter, aber ohne Streß. Auch Kriege und Notzeiten gabs. Lohn und Preis niedrig. Auswandern; Überliefert ist: Unmenschlichkeiten beim Militärdienst schreckte viele junge Männer ab, so daß sie vor Erreichung des Dienstalters auswanderten. Also nicht allein wegen Erwerb und eigener Existenz ins Ausland.
Vielen stand in fernen Landen ein harter Anfang bevor. Sie bekamen ein Stück unwirtschaftlicher Boden und mußten Pionierarbeit leisten oder in anderen Berufen sich hart bewähren.
Hier im Haus lebten schon meine Ahnen.
Ich bin 1922 da geboren und aufgewachsen, besuchte die Volks-, Handarbeits-, Fortbildungs- und Kochschule nach Pflicht, freiwillig ein Nähkurs. Elterliche Landwirtschaft meine Hauptarbeit und große Freude. Daneben 12 Jahre Aushilf bei Stoßbetrieb in Gasthaus und öfter in fremden Familien tätig, ähnlich wie Dorfhelferinnen, so wie einige Kulturarbeit beim Forstamt. Versorgte meine Eltern, die hochbetagt starben. Zur Zeit bin ich allein, fühle mich aber nicht einsam, arbeit in Haus, Feld und Garten. In der Stube nähen und werken. Heu- und Waldarbeit helfen Verwandte und Nachbarn. Habe Altes in Betrieb, Neuem nicht verschlossen. Liebe Radio, gute Schriften, Fernsehen nicht. Hab auch wissen gelernt, wie schwers eine Frau hat in einem modernen Haushalt, man wird ja nie fertig. Wenn man hinten drauß, ist's Zeit zum vorne anfangen.

Geehrte Gäste, nach diesem ausführlichen Vortrag, bitte keine unnützen Fragen stellen.

Danke

Dieser Vortrag ist etwas verlängert, auf Papier ist mehr Platz als auf Casette.

sie zwar auf dem Hof bleiben dürfen, die entsprechenden Rechte aber seien ihr versagt geblieben.

Bei Tagelöhner-Töchtern war man dagegen absolut nicht darauf aus, Gebärfähigkeit unter Beweis zu stellen, denn sie hatten ja keine Mitgift zu erwarten und mit einem „ledigen Kind" (Bankert) tendierten ihre Heiratschancen gegen Null. Dabei wurde eine Heirat, mündlicher Überlieferung zufolge, davon abhängig gemacht, daß der Bräutigam einen bestimmten Geldbetrag vorweisen konnte. So erkannte der leibliche Vater das uneheliche Kind oft freiwillig an. (Vgl. Dokument v. Pfarramt Waldau). Es wuchs meist in dem bäuerlichen Haushalt auf, in dem die Mutter als Magd arbeitete. Bei einem unehelichen Kind durften nicht Mutter oder Großeltern den Namen bestimmen, das stand in diesem Fall nur dem Geistlichen zu. Der gab dann dem Täufling einen so ausgefallenen Namen, dass er später sofort als „lediges Kind" erkennbar war.

Obrigkeit und soziales Umfeld unterschieden scharf zwischen ehelichen, vor-ehelichen und un-, bzw. außerehelichen Kindern. Wobei es gesellschaftlicher Konsens war, dass es sich bei vorehelichen Kindern um leibliche Kinder des späteren Ehemannes handelte, die bei der Heirat selbstverständlich auch gesetzlich als leibliche Kinder legitimiert wurden. In der Folge dieser juristischen Prozedur waren die als „vorehelich" definierten Kinder nicht mehr ausgegrenzt wie die Außer-, d. h. Unehelichen. Dies muss im Zusammenhang mit der Allmacht des „Hausvaters" gesehen werden. Gar manches „ledige" Kind einer Magd, d. h. das außereheliche Kind eines Bauern, bekam einen Knecht oder Tagelöhner zum juristischen Vater. Dieser verweigerte sich dem Ansinnen angesichts der Aussicht auf eine Abfindung, und damit einer besseren wirtschaftlichen Existenz, in den seltensten Fällen. Das Kind galt dann als „vor-ehelich" und genoss höheres soziales Ansehen als ein „lediges", d. h. außereheliches, dessen Vater womöglich gar nicht bekannt war.[12] In und um Furtwangen kennt man bis heute das „geflügelte Wort" eines Altbauern, der seinen Sohn zur Heirat mit einer wenig attraktiven Hoferbin gedrängt haben soll – „halt dir eben eine flotte Magd“.

In der frühen, bäuerlichen Gesellschaft war eine Heirat nicht einfach eine Angelegenheit zwischen zwei Privatpersonen. Da hatten ggf. auch der / die Eigentümer des potentiellen Brautpaares mit zu reden. Bis zur französischen Revolution waren die Bauern ja in aller Regel „leibeigen“, also Hörige, die einem Grundherrn – im Fall Furtwangen dem Kloster St. Georgen - „gehörten“. Das alemannische Gesetz schrieb vor, dass eine FREIE, die sich mit einem Leibeigenen verehelichte, ebenso wie ihre Kinder in die Leibeigenschaft kamen. Ein FREIER Mann dagegen verlor durch eine unstandesgemäße Ehe nicht notwendigerweise seinen Stand. Frau und Kinder kamen jedoch auf eine geringere soziale Stufe.[13]

Ein Bauer mit Heiratsabsichten suchte seine künftige Frau üblicherweise auf den Höfen im Einzugsbereich des Klosters St Georgen und der Nachbar-Klöster. Das hatte den unschätzbaren Vorteil, dass der künftige Hofeigentümer über die Mitgift einigermaßen Bescheid wusste, aber auch die zur Führung eines bäuerlichen Haushalts nötigen Kenntnisse und Fähigkeiten voraussetzen konnte, ebenso die erwünschten von klein auf anerzogenen, passiven Verhaltensweisen. „Dort wird der Friede nie getrübt, wo Frauenmund das Schweigen übt“. Nach gesellschaftlichem Konsens – d. h. den unterschiedlichen Funktions-Zuschreibungen entsprechend - verdiente der Mann das Geld, die Frau gab es (leichtfertig) wieder aus. „Wenn man heiratet ist die Mark nur noch fünfzig Pfennige wert„ , „was der Mann im Beutel heimbringt, trägt die Frau in der Schürze wieder hinaus“ – es gibt zahllose solcher Sprüche. Dabei wird geflissentlich übersehen, dass die Besorgung des täglichen Bedarfs – Essen, Kleidung, Wäsche usw. – zu den Pflichten einer Bauersfrau gehörte.

Das waren die Grundlagen der mittelalterlichen Ehe, deren Spuren noch heute sichtbar sind.

Natürlich waren die Hochzeitsfeierlichkeiten abhängig vom gesellschaftlichen Rang und Vermögen der Brautleute. Klara Werber berichtet dass die Hochzeit des Furtwanger Bühlbauernsohnes mit der Tochter Madalena vom Bachwirts-/Vogtsgrundhof zu Gütenbach „dem Reichtum der Braut entsprechend, drei Tage lang gefeiert worden“ sei. [14] Bei Armen konnte es der Überlieferung zufolge aber durchaus sein, daß das Paar nach der Trauung und einem bescheidenen Mahl unmittelbar wieder an die Arbeit ging.

Maria Hoch, (vgl. Dokument) die verstorbene Eigentümerin des „Lukasenhäusle“ bei der Donauquelle – die auch von Claudio Magris in seinem Buch „Die Donau“ erwähnt wird - berichtete per Tonband ihren Besuchern über die „Bauernküche aus dem Jahre 1715“ und das Leben um diese Zeit in einem sogenannten Heidenhaus:

„Die Mauerecke über zwei Feuerstellen ist der Feuerschutz für das Haus. Granitsteinkochherd für Mensch und Tier. Brennstoff klein und groß Holz. Ofen zum heizen und backen, wenn innen defekt, schlupf ich rein und reparier ihn mit Lehmteig. Der Ofen ist 2m tief. Brennstoff Reisbüschel.“

„ Licht vor Elektrisch: Petrol, Kienspan aus Buchenholz. Aufsichtsperson schlug abgebrannte Stück in Wasserkübel. Zündung durch Feuerstein, Zündschwamm und Eisen. Im Weiteren erzählt Maria Hoch *„Oben automatisch Speckräuchern im Winter, bis fertig dauert es 2 – 3 Monate. Wursthänge, Rauchabzug, Leiter zum Specktransport, (Im Sommer Speckräuchern unmöglich; Schmeißfliegen“).*

Nach Maria Hoch waren Frauen nicht „berufstätig“, sie „arbeiteten in der Hausindustrie“, z. B. als Strohflechterin. Maria Hoch weiter: *„Stube Aufenthaltsraum, Küche nicht. Kinder hatten in einer Küche grundsätzlich nichts zu suchen (Gefahrenquelle: Verbrühen, verbrennen, zündeln usw.) Sie waren nicht stets bei der Mutter, sondern bei anderen Familienangehörigen, im Sommer viel im Freien. Im Winter in anderen Räumen im Hause“.*

„Hausarbeit einfach: Eine Putzwoche jährlich. Die ganze Familie half zusammen. Vier Waschtage (Großwäsche). Kleider und Wäsche schonen. Zu schmutziger Arbeit dunkle Kleider, große Schürzen aus Sackleinen. Betten

viel lüften. Nach Heimkehr vom Stadtgang, Kirch- oder Schulbesuch sofort Alltagskleider anziehen, auch Alltagsunterwäsche. So blieben die guten Stükke zum Ausgehen lange sauber. Kleiderwechsel nach Heimkehr wurde streng beachtet!"

Eine Bäuerin musste Art und Menge der Nahrungs- und Futterzubereitung kennen, ebenso Krankheitssymptome und deren Behandlung bei Mensch und Tier, sie war buchstäblich zuständig für die Pflege vom Säugling bis zum Garten. In aller Regel umfasste ihr Aufgaben-bereich auch die Sorge für kranke und gebrechliche Angehörige. Frauen kannten die Trag-zeiten der verschiedenen Haustiere. Sie mussten mit Heilkräutern umzugehen wissen, wussten um Mondphasen und optimale Pflanz-, Dünge- und Erntezeiten. In ihre Zuständigkeit fiel das Konservieren von Fleisch, von Garten- und Waldfrüchten. Sie musste die Vorratswirtschaft für Mensch und Tier beherrschen, von der Ernte bis zum Frühjahr, bzw. zur nächsten Ernte. Das Saatgut durfte nicht angetastet werden. In der Folge von Missernten, Wirtschaftskrisen und Kriegen war oft Schmalhans Küchenmeister. Die Verarbeitung von Fellen und Wolle, die Herstellung von Kleidung lag in ihren Händen. Darüber hinaus hatten die Frauen über die Jahrhunderte nicht nur im Haus sondern, außerhalb der Winterszeit, auch auf dem Feld einen weiten Arbeitsbereich. Lediglich eine Großbäuerin war in gewisser Weise privilegiert – wenn man davon ausgeht, dass die – bequemere – Arbeit im Haus als Privileg zu bewerten sei. Von der Frühjahrsbestellung (z. B. das Aufsammeln der Steine auf den Wiesen) bis zum Heuet, zur Getreide- und später Kartoffelernte hatte sie ihre festgelegten Pflichten. Wurden Ehemänner und erwachsene Söhne im Lauf der Jahrhunderte von ihren Landes-„Vätern" zu den Fahnen gerufen, oder gingen sie als Uhrenträger bzw. -händler in die Welt hinaus, so mussten die Bäuerinnen, bzw. „Nebenerwerbs-Landwirtinnen" mit Großvätern und halbwüchsigen Söhnen - in jüngerer Zeit auch mit Kriegsgefangenen oder Zwangsarbeitern - den Betrieb bewirtschaften. Sechs bis acht

Schwangerschaften galten in einem vierzigjährigen Ehefrauenleben als „Durchschnitt".

An der Spitze der Institution des „ganzen Hauses" stand bis zur Aufhebung der Klöster in aller Regel der männliche Lehensträger, der später zum Eigentümer wurde. Aus bekannten, praktischen Überlegungen ging die Erbfolge in der Regel vom Vater auf den jüngsten Sohn über.

Nach den geltenden „Rechten des Kloster St. Georgen von 1397" war es zwar auch Frauen möglich, ein Lehen „von Anfang an„ anzunehmen. „Ein jegliches Weib mag auch ein oder mehrere Lehen empfangen und tragen nach des Gotteshauses Recht, so muss sie die Fälle geben wie der Mann. Ebenso die Frau, die keinen ehelichen Mann hat, sie habe ein Kind oder nicht". [15]

In der Realität dürfte dieses Recht kaum so selbstverständlich ausgeübt worden sein. In aller Regel war es so, dass die Witwe eines Lehensträgers mit einem zweiten Ehemann den Hof so lange bewirtschaftete, bis der männliche Hoferbe volljährig war. Belegt ist, dass Lehensträgerinnen sich in der Realität leichter durch Erbauseinandersetzungen zermürben ließen und um des lieben (Familien-) Friedens willen schneller auf ihre Rechte verzichteten, als es gesetzlich notwendig gewesen wäre.

Maria Fehrenbächin z. B., die „zweite Ehefrau des Besitzers vom Unterfallengrundhof in der Vogtei Neukirch vermied alle Streitigkeiten, indem sie im Alter von 63 Jahren, zwei Monate nach dem Ableben ihres Mannes, den Hof ihrem jüngsten Sohn übergab, der zu diesem Zeitpunkt 30 Jahre alt war" [16].

Ein Eigenleben konnte die Frau höchstens innerhalb des Hauses entfalten, es sei denn der Mann war abwesend. Dann wurde ganz selbstverständlich von ihr erwartet, dass sie in seine Funktionen eintrat. Hans Lauble [17] schreibt dazu „Aus der unermüdlichen Tätigkeit der Bäuerin, die sich kritiklos unterordnete, entwickelte sich jedoch im Verlauf einer Ehe eine Selbständigkeit, die letztendlich die wirtschaftliche Vernunft des Ehemannes ansprach und so der

Frau ein ungestörtes Handeln im traditionellen Bereich gewährleistete".

In Zeiten der Abwesenheit des Bauern besprach die Bäuerin die Aufgaben mit dem Schwiegervater, bzw. Oberknecht, sofern der überhaupt zuhause war. Im Allgemeinen „durften" die Bäuerinnen über die Einnahmen aus Kleintierzucht und Milchwirtschaft – also wohl Schafe, Ziegen, Geflügel, Eier, Milch, Butter, auch gesammelte Pilze, Beeren usw. – im Rahmen ihrer Zuständigkeit verfügen, d. h. auch verkaufen. Mit diesem Einkommen bestritt die Bäuerin im späten Mittelalter den Haushalt sowie den Einkauf von Bekleidung für sich und die Kinder. Es musste sich also auch auf einem Vollerwerbshof sehr wohl um ein anerkanntes und notwendiges „Zusatzeinkommen" gehandelt haben. Dabei muss man sich bewusst machen, dass immer wieder Kriege, Kriegsfolgen und/oder Mißernten den Boden auslaugten, ja das ganze Land auspowerten. Es war und ist wohl noch heute so, dass sich das Militär aus dem besetzten Land versorgen muss.

Ab 1700 - die Neuzeit

Wurde zu Anfang des Gemeinwesens Furtwangen die Besiedlung ausschließlich durch die Hofgüter getragen, so veränderte sich dies im Lauf der Jahrhunderte. Die Bauern, die einerseits die Arbeitskraft der heranwachsenden Kinder für die Bewirtschaftung der Güter dringend benötigten, konnten ihnen nach einer Familiengründung keine auskömmliche Existenz mehr bieten. Für die „weichenden" Erben wurden daher teilweise kleinere „Nebenerwerbsgüter" abgetrennt, die von den zu Tagelöhnern oder Handwerkern gewordenen Söhnen bzw. Schwiegersöhnen mit ihren Familien bewirtschaftet wurden. In den meisten Fällen reichte das aber nicht zum Leben und nicht zum Sterben. Denn wenn auf den Hofgütern viel Arbeit anfiel, mussten die Männer dort ihre Frondienste leisten. Folglich fiel auf den Nebenerwerbsgütern über Jahrhunderte hinweg die Bewirtschaftung des so genannten „Kuhteils" in aller Regel den Frauen zu. Da sie nicht über Pferde oder Stiere verfügten, mussten sie sich mit Kuhgespannen behelfen. Es verwundert deshalb nicht, wenn es einem Besucher um die Mitte des 19. Jh. „besonders auffiel', dass die Wagen bei der Heuernte von Frauen gelenkt wurden" und „deren gesunde Gesichtsfarbe hervor gehoben" wurde. Die Nebenerwerbslandwirte erhielten für die Arbeit auf dem Hof oft ein Stück Kartoffelfeld zur Nutzung. Gelegentlich bekamen sie auch ein Pferdefuhrwerk ausgeliehen - z. B. für Ernte- oder Holztransporte, zu Hochzeiten oder Kindstaufen

Erbauseinandersetzungen waren häufig, das belegen Akten des Triberger Gerichts. Deshalb bemühte sich der Lehensträger meist, die Ehefrau und ihre Kinder schon zu Lebzeiten vertraglich abzusichern. Es war ja auch immer eine Frage späterer Heirats-Chancen.

Die Zeiten waren hart. Die Mütter starben oft im Kindbett. Das

Kindbettfieber – das erst ab Mitte des 19. Jh. geheilt werden konnte – und die so genannten „bösen Brüste“ waren furchtbare Geißeln. Dass die einjährige Trauerzeit selten eingehalten wurde hing, zumindest teilweise, damit zusammen, dass für die Arbeitskraft der Hausfrau und Mutter umgehend „Ersatz“ beschafft werden musste. So heiratet 1701 Martin Verenbach d. J., der 12. Bauer auf dem Furtwanger Schuchhof, die etwa 22-jährige Anna Kientzlerin. Als sie 1717 starb, waren die beiden jüngsten von neun Kindern (Zwillinge) etwa drei Jahre alt. Daher heiratete der Witwer schon zwei Monate später Lucia Scherzingerin. „sie darf 18 Jahre auf dem Hof hausen und erhält dann ein Leibgeding“. Die Ehe blieb kinderlos. Lucia Scherzingerin stirbt 1737.

Ein paar Wochen später heiratete der Schuchhofbauer ein drittes Mal – Maria Muckhin. Er hatte also nur Kinder aus der ersten Ehe. Als das Ehepaar altershalber seinen Lehenshof an den jüngsten Sohn Nikolaus übergibt, erhält der ältere Bruder Martin 10fl. unter der Bedingung, dass „er auf keine Weise, möge der Käufer mit oder ohne Leibeserben, vor oder nach dem Vater oder Bruder sterben, Ansprache auf den Hof mache, sondern dieser dem künftigen Eheweib frei zufalle“. Martin und seine Hausfrau erhalten ein Leibgeding. Offensichtlich wollte man auf diese Weise möglichen Erbstreitigkeiten vorbeugen.

Martin Verenbach d. Ä. teilte sein Vermögen dann so auf, dass die Witwe, die nunmehr 50 Jahre alt war, insgesamt 340 fl. erbte. Die drei noch lebenden Brüder des nunmehrigen Lehensträgers erhielten aus dem Vermögen je 380 fl. [19]

*

Olympe de Gouge (1748 bis 1793) stritt während der französischen Revolution für das Recht der Bürgerinnen „hat die Frau das Recht, das Schaffott zu besteigen, so hat sie gleichermaßen das Recht, die Tribüne zu besteigen!“ Sie starb im November 1793 unter der Guillotine.*

Unverheiratete Töchter, die „daheim“ blieben und arbeiteten, wurden in aller Regel abgesichert, wenn auch in bescheidenster Form. Um diese Zeit hatte sich neben bzw. innerhalb der Höfe schon eine Handwerkerschicht herausgebildet. Einem Erbvertrag von 1835 auf einen Kaufbrief von 1795, die spätere „Arche“ betreffend, ist z .B. zu entnehmen „Valerians Schwester Veronika wird das Wohnrecht in der Stubenkammer zugesprochen, solange sie ledig ist, das Recht in der Küche zu kochen und sich jederzeit in der Wohnstube aufzuhalten, ihre Lebensmittel im Keller und ihr Holz im Schopf aufzubewahren“ [20]

Welcher „finanzielle Wert“ einer Frau zugemessen wurde belegt das über Jahrhunderte überlieferte, geflügelte Wort „Weibersterben – kein Verderben. Ross verrecken – welch ein Schrecken!“ Gelegentlich wurde auch ein „Platz am Fenster“ oder „am Ofen“ testamentarisch festgelegt.

So darf es nicht verwundern, dass viele Bauerntöchter auch eine Chance darin sahen, einem Orden beizutreten, in der Hoffnung dort möglicherweise sogar eine Berufsausbildung absolvieren zu können. Bekannt ist, daß im 19. Jh. von den acht Töchtern des Ehepaares Engelbert und Katharina Dorer fünf ins Kloster gingen. Sie hatten offenbar die Ehe der ältesten Schwester Rufina vor Augen, die sehr unglücklich gewesen sein soll. Nachdem bereits vier Töchter im Kloster waren, habe der Vater wohl genug gehabt und verbot daher den weiteren Töchtern das Kloster. Doch sei die Fünfte eines Nachts „abgehauen“. Das Ehepaar Dorer zog, Bernhard Dorer zufolge, auch ein Findelkind auf, ein vermutlich unehelich geborenes Mädchen, das später den Altbauern bis zu seinem Tod pflegte. Auch sie trat anschließend in ein Kloster ein. Weil sie aber wohl unehelich geboren war und so auch keine Mitgift vorweisen konnte, habe sie keine „richtige Schwester“ werden können. Die Vermutung ist daher sicher nicht abwegig, dass aus dieser Gruppe die sogenannten „Sauschwestern“ oder „Hühnerschwestern“ rekrutiert wurden, denn Klöster verfügten ja in aller

Regel über große Landwirtschaften und benötigten entsprechend viele Arbeitskräfte.
Die Ordensfrauen der Familie Dorer gingen ihren Weg: Adelheid wurde unter dem Namen Friedeburga barmherzige Schwester bei den Vinzentinerinnen. Prima (Sidora) ging nach Hegne und wurde Kinderschwester. Emilie (Liliosa), ebenfalls Vinzentinerin, wurde Oberlehrerin und auch Oberin in Lend bei Gastein. Edwina (Cleopha) wirkte als barmherzige Schwester in einer Irrenanstalt in Salzburg. Sie soll von einem Patienten so getreten worden sein, dass sie im Alter von 32 Jahren starb. Albertine trat als Schwester Bonifatia in das Kloster St. Veit/ Schwarzach ein und war als Krankenschwester bereits vor dem ersten Weltkrieg in Palästina und Kairo eingesetzt. Offensichtlich wirkte sie auch in Nazareth, wo sie1904 von Bruder Richard besucht wurde. [21]
Zwei Töchter von Kreisschulrat Richard Dorer, einem der Söhne von Engelbert Dorer, konnten ebenfalls bereits eine Ausbildung absolvieren. Maria erwarb zwei Doktortitel (Prof. Dr. med. et phil.) Sie habilitierte 1932 und lehrte an der Universität Marburg und der TH Darmstadt.„Weit über den Rahmen ihrer Berufspflichten hinaus hatte sie Beziehungen zur weiten Welt!“
Emma Dorer (Schwester Seraphina), die zunächst den kranken Vater betreute und seine Forschung über „die Geschichte einer Schwarzwälder Bauernfamilie“ begleitete und abschloß, trat nach dem Tod des Vaters in die Schwesternschaft St. Elisabeth in Freiburg ein, machte als Schwester eine Ausbildung zur Zeichenlehrerin und war im Kindergarten Neustadt und als Seelsorgehelferin tätig.
Im Übrigen sind bis in die heutige Zeit Fälle bekannt, in denen eine Großmutter oder auch eine Schwester des Hofeigentümers in die Funktion der früh verstorbenen Mutter, ja sogar der Eltern, eintrat und an Enkeln oder Nichten und Neffen Mutterstelle vertrat. So lebte z. B. Prima Dorer bei ihrem (verwitweten?) Bruder

Ernst auf dem Rothansenhof. Nach dessen Soldatentod führte sie den Hof, bis die „junge Generation das Erbe antrat“.

„Karriere“ machte, mündlicher Überlieferung zufolge, auch Maria Lucia Reis, die Tochter eines Furtwanger Steuerbeamten, die in den Cistercienser-Orden in Baden-Baden-Lichtental eintrat und nach einem Studium dort Äbtissin wurde. Aus Neukirch ist belegt, daß zwischen 1855 und 1937 neun Frauen einem Orden beitraten.

Häusliche Gewalt

Michaela Hohmann schreibt: „Die gegenseitige Abhängigkeit in ehelichen und haushälterischen Beziehungen bewirkte ein weitgehendes Verschweigen familiärer und ehelicher Konflikte gegenüber der weltlichen Obrigkeit" und so waren „insbesondere die ehelichen Beziehungen von einer Mauer des Schweigens umgeben." Der Grundsatz, „was innerhalb der eigenen vier Wände passiert geht niemanden was an", war allgemein akzeptiert. Zorn und Ärger reagierte der Ehemann oft rücksichtslos an der Ehefrau ab. Wenn es „ganz schlimm" wurde, sie gar um ihr Leben fürchten musste, flüchtete sie sich schon einmal zu ihren Verwandten oder in die Nachbarschaft, denn im Grunde wusste sie sehr wohl, dass sich im Klagefall Richter und Vögte aus ihrer eigenen Gesellschaftsschicht – ja möglicherweise sogar aus der eigenen Verwandtschaft – zusammensetzten [22]

Wie konfliktträchtig und zerbrechlich die familiären Beziehungen aufgrund der Nachfolge-regelungen oft sein konnten geht aus einem Prozeß hervor, der vor dem Triberger Gericht anhängig war. Er ist durchaus kein Einzelfall: Salomea Fallerin war die zweite Ehefrau von Mathias Löffler, dem achten Bauern vom Unterheubachhof. Aus dessen erster Ehe mit Lucia Furtwenglerin gingen sieben Kinder hervor, von denen nur die Tochter Eva das Heiratsalter erreichte. Mit Salomea Fallerin hatte er weitere sechs. Als Mathias Löffler 1744 starb, war folglich Salomea Fallerin Lehensträgerin. Sie heiratete in zweiter Ehe Jakob Hummel aus Gremmelsbach, mit dem sie noch zwei Kinder hatte. Jakob Hummel war offensichtlich ein jähzorniger Mensch. Über mehrere Jahre hinweg (ca. 1770-1780) flüchtete die Ehefrau mehrfach in die Nachbarschaft oder zu Verwandten. Doch nicht sie selbst, sondern die Söhne aus der Ehe mit Mathias Löffler reichten schließlich Klage gegen den Stiefvater ein und begründeten sie folgendermaßen: Anläßlich eines Streites habe er gereizt reagiert, habe mit einem Eisenstock nach seiner Ehefrau geworfen und gerufen, „*dass sie heut noch in ihrem Schuch sterben müsse, anbey auch verschröckhlich sacramentirt und geflucht und geschwohren habe, sodaß wann nicht alle zugegen gewesten Leuth und Männer abgewöhret hätten, niemand wisse, was er für unglückh angerichtet haben würde*“. Solche Gewalttätigkeiten gegenüber ihrer Mutter seien keine Ausnahmeerscheinung. [23]

Jakob Hummel seinerseits sah sich einer Koalition von Ehefrau und Stiefsöhnen gegenüber, was gewiss auch nicht zum Hausfrieden beitrug. Noch sechs Jahre lang bewirtschaftete Salomea Fallerin zusammen mit Jakob Hummel das Lehen, ehe sie, zermürbt von Streitereien und bisweilen lebensbedrohlichen Gewalttätigkeiten, den Hof ihrem Sohn Thomas Löffler, dem nunmehr zehnten Bauern, käuflich überließ und das übrige Vermögen unter den anderen Kindern und ihrem Ehemann aufteilte.

Vom Zusatzeinkommen zur Industrie – Strohflechten und Uhrenmachen

Im späten 17. Jahrhundert, nach dem Dreißigjährigen Krieg, entwickelte sich die Uhrenmacherei zur Existenzgrundlage der Region. Es bildete sich eine Handwerker- und Arbeiterschicht heraus, die auch den weiblichen Familienmitgliedern, über die Landwirtschaft, den sog. „Kuhteil" hinaus, Erwerbsarbeit bot.[24] „In den Uhrenmacherhaushalten herrschte die klassische Rollenverteilung, der Mann kümmerte sich um Produktion und Absatz, die Frau um Kinder, Küche und – den Kuhteil". Auffallenderweise wurden die der Uhrenmacherei sehr wohl „kundigen" Frauen, die im Haushalt lebten und teilweise auch in der Uhrenmacherei tätig waren, nicht als „mitarbeitend" ausgewiesen. Kahlert vermutet, dass steuerliche Gründe dafür den Ausschlag gaben, weil die Uhrenmacher eben in „Familieneinkommen" dachten, über das ihnen das Verfügungsrecht sowieso zustand. Die Vermutung, dass auch Konkurrenzangst als treibende Kraft hinter diesem Verhalten steckte, ist aber sicher nicht aus der Luft gegriffen. „Dieser von Frauen geleistete Beitrag konnte den Unterschied bedeuten zwischen einem ärmlichen und einem bescheidenen Lebenszuschnitt".

Der nostalgische Blick in die gute alte Zeit vermittelt ein Bild, das den Bauern Pfeife schmauchend beim Zeitung lesen zeigt, um ihn herum gruppieren sich Frauen beim Strohflechten oder Stricken. Andere Bilder zeigen Männer beim Kartenspiel, die Frauen am Spinnrocken oder bei der Flechtarbeit.[25]
Von „Anfang an" wurde weibliche Erwerbsarbeit über männliche Arbeits-, bzw. Freizeit-Strukturen definiert, war daher nach gesellschaftlichem Verständnis lediglich „Zu-Verdienst". Die Männer auf den Höfen hatten im Winter - dies gilt ausdrücklich nicht für die späteren Fabrikarbeiter - nach dem Abendessen „Feierabend". Frauen leisteten während der Erwerbsarbeitszeit ihrer Ehemänner

die unbezahlte Familien- und Hausarbeit, um „zwischendurch" - d. h. in ruhigeren Nachmittags- und Abendstunden – je nach Jahreszeit mehrere Stunden Erwerbs-, ja Akkordarbeit, zu leisten. Im weiblichen Alltag ließ sich das ja nicht scharf abgrenzen. Die Frauen leisteten also ihre Erwerbs-, d. h. die bezahlte Arbeit, in einer „Frei-Zeit", die es für sie so nie gegeben hat.

Es lag in der Konsequenz dieser Logik, dass die Frauenerwerbsarbeit als Feierabend-Handarbeit abgewertet wurde. Während des Tages riefen ja die vielseitigsten Familienpflichten in Haus und Hof (Sorgen). Hinter dem idyllischen Bild vom „z' Liächtgang" steckten nämlich sehr praktische Überlegungen: Es war nur ein Raum zu beheizen und zu beleuchten, Familie und Gesinde konnten abends in der Wohnstube zusammensitzen und die Tagesangelegenheiten besprechen. Erst wenn Kinder und Tiere schliefen, war die Ruhe vorhanden, einen glatten Faden zu spinnen, bzw. ein bis zu zweiundzwanzighalmiges Strohgeflecht in die Hände zu nehmen. Bloß Zu-Verdienst eben, obwohl die Frauen schon allein mit dem „Kuhteil" ca. ein Viertel des Familieneinkommens erwirtschafteten.[26] Bis spät in die Nacht saßen sie bei Kienspan-, Kerzen- oder Petroleumlicht am Spinnrocken, beim Strohflechten, Strümpfe stricken/stopfen oder sonstigen „Feierabendtätigkeiten". Das war auch die Tageszeit, in der die Töchter an ihrer Aussteuer nähten und stickten. Damals war das kein „Hobby", das war gespartes Geld.

Ab ca. 1700 entwickelte sich in Furtwangen die Strohflechterei zu einem „blühenden Zweig" der Hausindustrie, der fast ausschließlich von den Frauen getragen wurde. In den Fabriken wurden die in Heimarbeit gefertigten Geflechte zu Hüten, Taschen, ja sogar feinsten Schuhen verarbeitet. (vgl. GHV-Archiv)

Über die Anfänge ist wenig bekannt. Wer brachte den Frauen die Kunst bei, aus bis zu 22 Halmen die unterschiedlichsten Muster zu flechten? Um 1800 engagierte sich Clara von Gleichenstein, die Ehefrau des Obervogts Huber von Triberg für die Strohflecht-

Ausbildung. Cölestine Eisele geb. Kürner (1798 bis 1865), war die erste Furtwanger Strohflechtlehrerin. „Es wurde ihr nachgesagt, daß sie nicht nur jedes Geflechtmuster ohne weiteres nachmachen konnte, sondern sie kreierte auch selbst sehr kunstvolle Mustergeflechte“. [27]

Von der Lehrerin Fortunata Härle existiert im GHV-Archiv noch ein eindrucksvolles Musterbuch, auch mit farbigen Motiven. Es gibt aber keine Hinweise, daß Cölestine Eisele, die „äußerst begabte“ Lehrerin, jemals einen Preis bzw. eine Ehrung erhalten hat. Gerd Bender berichtet lediglich, dass sie sich zu einer bekannten Persönlichkeit entwickelte, „ihre außer-gewöhnlichen Fähigkeiten blieben auch der Großherzoglich Badischen Regierung in Karlsruhe nicht länger verborgen!“

Die Furtwanger Strohflechtschule existierte ca. 77 Jahre. Die Schülerinnen-Zahlen schwanken zwischen 40 und 80 Mädchen im volksschulpflichtigen Alter. Die Lehrerin hatte ein Pensum von 25 Wochenstunden, jeweils von 8 bis 11.Uhr und von 13 bis 15 Uhr. Gelehrt wurden alle Geflechtsarten, im Schwierigkeitsgrad steigend. Auch das Zurichten und Spalten der Halme gehörten zum Unterricht, ebenso die weitere Behandlung und Bearbeitung des Geflechts.

Der Tätigkeitsbereich der Lehrerin war vertraglich festgelegt. Über den regulären Unterricht hinaus war sie verpflichtet, das Unterrichtsmaterial vorzubereiten. Dazu kam in der Regel auch das Reinigen und Beheizen des Unterrichtsraumes.

Offensichtlich waren auch in diesem Erwerbszweig viele Frauen bereit, Neues zu lernen und auszuprobieren. Josepha Ketterer geb. Dufner und Ottilia Volk geb. Löffler aus Furtwangen wurden anlässlich einer Prämienverleihung für das „schönstgebleichte Roggenstroh“ mit Geldprämien ausgezeichnet. Die Prämien waren gestaffelt von fünfzehn über zehn, fünf, zwei und einem Gulden.

Aus der näheren Umgebung sind genannt Karoline Kern geb. Dorer, Verena Schildecker geb. Eschle, Anastasia Walter geb. Ehle,

Afra Schwer geb. Dorer, Johanna und Emerentia Pfaff, Maria Dorer geb. Schwer, Barbara Duffner, Cäcilie Dorner, Maria Anna Schantelmeier und Theresia Birkle geb. Dold, alle aus Schönwald.[28]

Man muss davon ausgehen, dass das Färben des Strohes, das auch mit gefährlichen Chemikalien wie z. B. Schwefel oder Eisen- und Kupfervitriol erfolgte, ebenso gesundheits-schädlich war, wie z. B. das Bemalen von Uhrenschildern mit Bleiweiß. Darüber ist wenig zu erfahren.

Fast scheint es, als ob in unserer Region Stroh nur gebleicht wurde. Da Tau und Sonne die Schönheit und Farbe des Strohes beeinflußten, mußte das Material oft „vor Tau und Tag“ zwischen draußen und drinnen hin und her transportiert werden. Für das mühsame und gewiß auch gesundheitsgefährdende Strohfärben benötigte man die verschiedensten Geräte und Chemikalien. Zum Bleichen wurde Chlor oder „schweflige Säure“ verwendet. In „Hartlebens chemisch-technischer Bibliothek“[29] sind rund 35 Rezepturen zum Strohfärben nachgewiesen – von Alaun über Eisen- und Kupfervitriol, Salz- und Schwefelsäure bis zu Galläpfeln, Curcumae und Weinstein. Mag das Stroh ja meist zu einfarbigen Hüten verarbeitet worden sein, so sind in Archiven und Museen der Region viele Exponate mit Mustern aus farbigem Geflecht zu finden – Taschen, Körbe, Kästchen, ja sogar Buchschutzumschläge – die Zeugnis ablegen von der Kreativität und Kunstfertigkeit der Flechterinnen vor allem im 19.Jh.

Dem idealisierten Bild des Strohflechtens als leichter Handarbeit steht ein Bericht von Hans Lauble [30] gegenüber. Er schreibt: „Geprägt von einer mehr als dürftigen Beschäftigungslage und von jämmerlichen Arbeitsbedingungen fehlte den Arbeitnehmern jegliche Gestaltungsmöglichkeit für ihr tägliches Leben“. Arbeitszeiten von 90 Wochenstunden waren durchaus an der Tagesordnung. Rückte mit den Sommermonaten die Feldarbeit heran, trat die „Heimarbeit“ natürlich in den Hintergrund. Doch der Obervogt wies seine Beamten auch an, nach Hütekindern Ausschau zu halten, die nicht neben ihrer Hütepflicht auch an einem Strohgeflecht arbeiteten. Die Kontrolleure hatten in diesen Fällen ausdrücklich die Prügelstrafe auszuüben.

In der zweiten Hälfte des 19. Jh. lag der Verdienst einer Flechterin bei einem 12-stündigen Arbeitstag bei ca. 10 Kreuzern. Ein Brot von vier Pfund kostete gleichzeitig bis zu 22 Kreuzer. Bender[31] nennt allein in der Feinflechterei 48 verschiedene Muster. Strohgeflecht war natürlich bis zu einem gewissen Grad dehnbar und so gab es zwischen den Flechterinnen und den Packern oft erbitterten Streit über die Menge des gelieferten Geflechts. Beim An- und Verkauf durch den Händler waren die Art des Geflechts und die Stücklänge für den Lohn maßgebend. Die alten Maßeinheiten hatten unterschiedliche Längen und führten daher oft zu Unstimmigkeiten. Nach Bender „nahm die Strohflechterei im Schwarzwald einen ungeahnten Aufschwung und brachte für Frauen und Kinder eine zusätzliche Erwerbsmöglichkeit, die jährlich zwischen 30 und 120 Gulden einbrachte – ein ansehnlicher Betrag für die Armen jener Zeit!" Den Uhrmacherinnen gleich erhielten die Strohflechterinnen freilich den Lohn oft nicht bar ausbezahlt. Meist waren sie gezwungen, die Waren des täglichen Bedarfs bei ihrem Auftraggeber (Packer) zu kaufen. Verlangten die Flechterinnen wiederholt bares Geld, wurde ihnen bald kein Geflecht mehr abgenommen. Aus dem Hauptstapelplatz Triberg wurden um 1785 jährlich ca. 30000 Strohhüte ausgeführt. In der Folge politischer und wirtschaftlicher Veränderungen, die den Absatz unmöglich werden ließen, wurde die Strohflechtschule 1927 geschlossen.

Im 19. Jh. galten als Faustregel für die tägliche Familien- und Hausarbeit ca. acht Stunden, was sicher oft zu knapp bemessen war. Ausdrücklich nur von Michaelis (29. September) bis zum Josefstag (19. März) durfte bei künstlichem Licht gearbeitet werden.

Bild: Heimatmuseum Gütenbach

Preisdiplom
für
Balbina Eschle

Auch wenn Frauen immer wieder in die Funktionen ihrer abwesenden Ehemänner eintreten mussten – weibliche Eigenständigkeit stieß grundsätzlich auf gesellschaftliche Mißbilligung. Es gab (und gibt) dafür mehrere Begründungen: Weibliche Erwerbsarbeit galt in der bürgerlichen Gesellschaft als „unschicklich", kratzte am Ansehen des Ehemannes. Angeblich konnten sich Frauen bei Verhandlungen „nicht durchsetzen", es wurde einfach als „Missstand" betrachtet. Trotzdem findet man Spuren weiblicher Eigenständigkeit. Bekannt ist, daß sie oft als Witwen das Geschäft ihrer verstorbenen Ehemänner weiter führten.

Bild: Heimatmuseum Gütenbach

Balbina Eschle

„Entscheidend", schreibt Kahlert, „war nicht, was Mädchen lernen konnten, sondern was sie lernen durften". So wurden sie in „Teilgebieten, z. B. der Schildmalerei" ausgebildet. Das konnten sie in Einzelfällen wohl so gut, dass manche Händler Sonderwün-

sche bezüglich einer bestimmten Malerin äußerten. [32]
Gesichert ist also, dass Ehefrauen und Töchter der Uhrenmacher der Uhrenherstellung „kundig" und an ihr beteiligt waren. Namentlich bekannte Uhrmacherinnen sind aber außerordentlich selten. Was wir jedoch über Preisträgerinnen z. B. von Gewerbe-Ausstellungen wissen, lässt den Schluss zu, dass die Mitarbeit der Frauen selbstverständlich war. Das Deutsche Uhrenmuseum ist im Besitz einer mit „Nothburga Eschle" signierten Uhr. Ob die Frau ledig oder verheiratet war, aus welchem Geschlecht sie stammte, war nicht in Erfahrung zu bringen. Etwas mehr wissen wir von der Gütenbacherin Balbina Eschle, (1835 bis 1917). Sie stammte vom Sommerberg und heiratete 1866 den Uhrenmacher Leander Siedle aus dem „Teich". Aus der Ehe gingen vier Kinder hervor. Entgegen der naheliegenden Vermutung, dass eine Frau eben von ihrem Ehemann ausgebildet wurde, hat Balbina Eschle das Uhrenmachen offensichtlich schon vor ihrer Ehe gelernt, denn bereits anläßlich der Furtwanger Gewerbe-Ausstellung 1862 zeichnete der Furtwanger Gewerbeverein die Meisterin mit einem Preisdiplom 2. Klasse für „ sehr gute Schottenuhren" aus.(Wer hat sie ausgebildet?) Des weiteren erhielten „Prima Fehrenbach von Furtwangen für gute Steinlöcher in Taschenuhren", sowie Prima und Sophia Duffner von Rohrbach für „gute Uhrentriebe" je einen 3. Preis. Ebenfalls ein „Preis dritter Klasse" wurde der „Anfängerin" Josepha Duffner für gute Holzlackuhrenschilde zugesprochen Die Verfasser betonen ausdrücklich, dass es „damals nicht üblich war, auch Frauen auszuzeichnen"[33].

Auch Margaretha Dufner aus Gütenbach wird dort als eine „geschickte Uhrmacherin" bezeichnet. Ein Schlaglicht auf die Verhältnisse in der Uhrenmacherei und dem Packerwesen wirft ein von ihr verfasstes, oft zitiertes Klagegedicht:

„Ich hab die Woche gearbeitet in der Uhrmacherei;
Ich weiß, daß es eine der freien Künste sei,
Aber – sie ist leider tödtlich blessiert;
Und bei den Speditören verschmiert.
Und man laßt den Uhrmacher sorgen;
Er muß drei und vier Jahre borgen.
Der Händler im Land
Treibt sein Sach, es ist eine Schand.
Schickt Geld heim, wenn er mag,
Was ist das für eine Plag!
So kann der Uhrenmacher nicht mehr bestehn,
Wer kann ruhig dieses Elend sehn?
Der Händler das Geld in andere Waaren steckt,
daß es nie für den Uhrenmacher streckt.
Die Speditoren haben Meß, (Messing) Räder, sie haben Draht,
Sie haben Tuch, sie haben andere Sachen zum Staat –
Verkaufens dem Uhrmacher und schinden und schaben,
Daß sie die Uhren allbereit vergebens können haben.
Der Wirt geht auch mit. Wer nicht ins Wirtshaus lauft,
Und nicht sein Geld darin versauft;
Dem nimmt er keine Uhr ab.
Sonst sind die Uhren schlecht
Und niemals einem Wirth recht.
So ist der arme Uhrmacher in der Noth,
Und sie stehlen Weib und Kind das Brod.
Der Händler im Land, der keinnützig ist und thut,
Der verschwendet die Uhren im Übermuth [34]

Auch die 1877 gegründete Schnitzereischule konnte bereits Schülerinnen auszeichnen. Schon 1899 hospitierte „Frau Ingenieur Arpad Szegedi, Budapest“ an der Furtwanger Schnitzereischule und bekam eine „öffentliche Belobigung für gute Leistungen in Kerb-

und Flachtechnik“ ausgesprochen. Im Schuljahr 1910/11 erhielt Felizitas Laupheimer aus Ulm einen 3. Preis, die Furtwangerin Inge Rommel wurde 1935 mit einem 1. Preis ausgezeichnet. (Josef Ganter)

Gesetzliche Einflüsse

Konnte die Frau in vornapoleonischer Zeit nach der Heirat noch ihren Vatersnamen weiter führen, änderte sich das in der Folge der Säkularisation, dem neuen Eherecht entsprechend ab 1806 auch in Baden. Die Frauen verschwanden weitgehend aus der Amtssprache. Der amtlichen Bezeichnung „Frau" folgte der Name des Ehemannes, z. B. Frau Hans Müller, Agathe geb. Maier. Geschäftsanzeigen in verschiedenen Ausgaben der FN lauten „Frau Carl Wittlinger", bzw. „Frau J. B. Mayer Wwe." Wobei die beiden Initialen J. B. für „Johann Baptist" stehen. In den redaktionellen Meldungen der FN hatten weder Gefallene noch Ausgezeichnete eine Mutter -„Der Sohn von Herrn"...das ist die offizielle Form der Nachricht. Die Nachforschungen über Frauen / Mütter / Töchter sind deshalb auch „so schwierig weil sich, in vielen Fällen mehrfach, ihr Familienname änderte".[35]

Im BGB von 1900 heißt es: Dem Manne steht die Verwaltung und Nutznießung des Vermögens der Frau zu. Die Frau kann über ihr Vermögen nur mit Zustimmung des Mannes verfügen. [36]
Bis 1958 war es den Frauen verboten, ohne Einwilligung des Ehemannes eine Berufstätigkeit auszuüben. Noch in den sechziger Jahren galt die nachlässige Haushaltsführung der Ehefrau als Scheidungsgrund. [ak]
In der Konsequenz bedeutete dies, dass die Frauen der Furtwanger Oberschicht zwar stolze Trachten ausführen durften, finanziell jedoch weitgehend von den Ehemännern abhängig waren. Sicher geht aber die Vermutung nicht fehl, dass eine große Mitgift der Frau ihr eine entsprechende Stellung sicherte bzw. ein angesehener Vater eine Art „Rückversicherung" für die Unabhängigkeit der jungen Frau darstellte. Mündlicher Überlieferung zufolge konnte eine wohlhabende Ehefrau durchaus Mitsprache über die Finanzen, wenn nicht sogar „das Sagen" haben. Gesellschaftlichem Konsens

entsprach dies freilich nicht, es blieb „im stillen Kämmerlein“ der Familie.

Noch 1987 schaffte es der Mitarbeiter einer Lokalzeitung anlässlich des 60. Todestages des ehemaligen Bankiers Josef Werber in einem ausführlichen Beitrag die Namen der Ehefrauen elegant zu umgehen: „Er vermählte sich mit der einzigen Tochter des Inhabers (Bankier) Julian Heim“. „Im vorgerückten Alter hat sich Herr Werber mit der Witwe des verstorbenen Fabrikanten Heine verehelicht...“. [38]

Vielleicht hat ja die Sage vom „Hirsenmentig“ (Hirse-Montag), die der Heimatdichter Arthur H. Duffner [39] um 1900 in Verse gesetzt hat, einen wahren Kern und die Furtwangerinnen löckten tatsächlich schon vor rund 200 Jahren ein bisschen wider den Stachel? Stadtarchivar Dr. Ludger Beckmann jedenfalls bezeichnet dieses Gedicht als „Geburtsurkunde“ des alten Brauchs. Danach waren es die Furtwanger Bürgerfrauen leid, an Fasnacht einsam zu Hause zu sitzen, während die Männer feierten. Sie beschlossen daher ihrerseits gemeinsam zum „Raben“ zu wandern und zu feiern. Es soll der Anfang der Furtwanger Frauenfasnet gewesen sein.

Vor zweihundert Jahren – die Anfänge der Mädchenbildung

In einer „Verordnung des Großherzoglich Badenschen Directoriums" des Jahres 1810 werden „Eltern und Pfleger" verpflichtet, ihre Kinder vom „angehenden 7ten Jahre" in die Winterschule zu schicken und „zwar die Mädchen bis nach zurückgelegtem 13ten und die Knaben bis nach zurückgelegtem 14ten Jahre". Zum Besuch der Fortbildungsschule sind die Buben zwei Jahre, die Mädchen ein Jahr nach Abschluß der Volksschule verpflichtet. Ausschließlich für Mädchen konzipiert waren neben der allgemein bildenden Volksschule im Winterhalbjahr sowie der Fortbildungsschule die Industrie-, und die Haushaltungsschule. Die Stadt scheint es aber mit der Einrichtung der Industrieschule nicht sonderlich eilig gehabt zu haben, denn im Januar 1837 mahnt das Großherzogliche Bezirksamt an, dass in Furtwangen als in der größten gewerbstätigen Gemeinde die Industrieschule noch nicht in das Leben getreten sei.

Die Stellen der Industrielehrerinnen waren begehrt. Auch wenn das Gehalt bescheiden war – es wurde nach Stunden bezahlt – sicherte es doch vor allem für allein erziehende Witwen und unverheiratete Frauen mindestens einen Teil des Familienunterhalts und eine gewisse soziale Reputation. Ein Bewerbungsschreiben der Witwe Fridolina Hepting gerät schon fast in die Nähe von Denunziation. Unter der Anrede „Löblicher Gemeinderat" schreibt sie „*Nachdem ich von den Kindern, welche die Industrieschule besuchen, schon oft sagen gehört habe, dass die jetzige Lehrerin in der Schule vor Langweile nur Bücher las, und sich wenig um die Industrie bekümmere, so zeigt sich deutlich, dass derselben wenig mehr an diesem Dienste liege, wenigstens keine Früchte hervor bringt, welche diese Anstalt hervor bringen könnte*". [40])

Die Witwe bezeichnet sich als „der Näherei, Strickerei, des Häkelns wie auch der Stickerei" kundig und schließt „Eines löblichen Gemeinderathes gehorsamste Fridolina Hepting Wittwe". Man muss wohl davon ausgehen, dass die Lehrerinnen zunächst ihre

Fähigkeiten selber entwickelten, denn eine geregelte Ausbildung für die Lehrerinnen scheint es am Anfang nicht gegeben zu haben. Im Furtwanger Stadtarchiv existiert ein Statut des späteren Ausbildungsträgers Badischer Frauenverein über Lehrinhalte datiert erst von 1894. Danach umfaßt der Unterricht für die potentiellen Lehrerinnen

„1) Weibliche Handarbeiten: Stricken, Häkeln, Nähen (nach im Wesentlichen Schallenfeld'scher Methode) wöchentlich 31 Stunden.
2) Zeichnen, wöchentlich vier Stunden.
3) Deutsche Sprache, wöchentlich vier Stunden.
4) Rechnen, wöchentlich 3 Stunden.
5) Erziehungs- und Unterrichtslehre, wöchentlich vier Stunden.
6) Singen, wöchentlich 1 Stunde.“

Natürlich war der sittlich einwandfreie Lebenswandel einer künftigen Lehrerin Grundvoraussetzung für eine solche Zulassung. Väter mussten bürgen für den Fall, dass eine Tochter die Prüfung nicht bestand oder auch das Amt nicht annahm.

Im Oktober 1850 wurde in Furtwangen schließlich eine Strohflechtschule eröffnet. Unter Androhung von Sanktionen war jedes volksschulpflichtige Mädchen „verbunden, täglich in der Flechtschule Unterricht im Flechten zu nehmen“. Dabei begann für einen Teil der Sechs-, bis Achtjährigen der Unterricht morgens um halb zehn, damit sie am Nachmittag der winterlichen Volksschulpflicht genügen konnten. Für Neun- bis Zwölfjährige begann der Unterricht bereits um acht Uhr. Auch Auswärtige waren ausdrücklich eingeladen.

Wurde der Industrie-Unterricht für die Mädchen *neben* der Volksschule bereits ab dem dritten Schuljahr gegeben, trat der Haushaltungsunterricht an die Stelle der auf die Volksschule folgenden Fortbildungsschule. Nach der Satzung des Badischen Frauenvereins von 1901 sollte er „zu einer den allgemeinen örtlichen Verhältnissen entsprechenden Fertigkeit in der Zubereitung der Kost für einen einfachen Haushalt" führen. Der fünfmonatige Kurs in Karlsruhe für die angehenden Haushaltungslehrerinnen umfasste hauptsächlich

1) „Übung im Kochen im allgemeinen.

2) Schulmäßiges Kochen in Verbindung mit Lesen, Schreiben und Rechnen.

3) Haushaltungslehre.

4) Übungen im Unterrichten".

Die Stadt Furtwangen freilich übte sich zunächst wieder in Verzögerungstaktik – mit Unterbrechungen wurden in der Zeit von Juni 1902 bis Januar 1904 sämtliche Städte der weiteren Umgebung angeschrieben, um etwaige Kosten zu erfragen. Schließlich fasst der Gemeinderat am 15. März 1904 den endgültigen Beschluss und bereits am 26. März kommt aus Karlsruhe die beantragte Genehmigung. [41]

Die Haushaltungsschule wurde im „alten Spital" eingerichtet, welches die Stadt für jährlich 450.- Mark von Katharina Heim anmietete. Der Unterricht wurde in fünf Abteilungen mit je vier Wochenstunden erteilt. Er erfreute sich „eines regen Besuchs, indem außer den hiesigen entlassenen Mädchen auch noch solche aus den Nachbargemeinden den Unterricht besuchen". Man muss davon ausgehen, dass es sich dabei um Fußwege von mehreren Kilometern handelte.[42]

Die „Haushaltungsschule" war das letzte, öffentliche Bildungsangebot für die Mädchen der unteren sozialen Schichten. Dort und als Dienstmädchen in einem besseren Haushalt lernten die jungen Frauen, was sie zur Führung eines „einfachen Haushalts" benötigten. Nach gesellschaftlichem Konsens „heiratet sie ja doch!" So gingen sie in Stellung – die Schweiz und Holland waren bevorzugte „Zielgebiete". Es gibt entsprechende Berichte, nach denen man in Holland die Fußböden mit kaltem Wasser schrubben musste, damit sie „schön weiß" blieben. Ehemalige Hausmädchen waren durchaus gesuchte Heiratskandidatinnen. Lernte man – so der Volksmund – doch nirgends besser hausen und sparen als bei den „Reichen".

Ertrage die Fehler Deines Mannes mit Geduld – Ein Kapitel Mädchenerziehung innerhalb der sozialen Schichten

Ein Blick in einschlägige „Lehrbüchlein" zeigt, dass die allgemeine Richtschnur für die kommende Müttergeneration über Unterordnung – „Ertrage die Fehler deines Mannes mit Geduld" - über Sparen, Reinlichkeit und Ordnung Schichten übergreifend nicht allzusehr von einander abwichen, der erhobene Zeigefinger ist überall deutlich spürbar. Die Lage ändert sich natürlich einschneidend bei der Haushaltsführung. Die „standesgemäße Kleidung" wird in beiden Büchern behandelt. Das eine der Lehrbücher[aq] wandte sich an die Adresse der Arbeiterfrau, die „billig und gut haushalten will". Niemals sollen sie sich über ihren „Stand hinaus" kleiden, auch Mann und Kinder nicht. An der Kleidung soll der gesellschaftliche „Stand" erkennbar sein.

Aus diesem Büchlein wird deutlich, wie zeitaufwendig und mühsam die Führung eines „einfachen" Haushalts, die Sauberhaltung der Wohnung, die Pflege der Betten – Hälmen-, bzw. Strohsäcke – war. Dabei ist zu berücksichtigen, dass mehrere Kinder zu betreuen waren. Der Arbeitsplan einer Hausfrau in der zweiten Hälfte des 19. Jahrh. war fast fabrikmäßig angelegt:

„Ein für alle Mal sei der Montag zum Waschen, der Dienstag zum Bleichen, der Mittwoch zum Nähen und Flicken, der Donnerstag zum Bügeln, Freitag zum Nähen, Stricken oder Stopfen, der Samstag zum Einkaufen und Putzen bestimmt. Wird das Waschen um eine Woche verschoben dann ist die Arbeit für eine Hausfrau, die keine Magd und keine Aushülfe haben kann, zu groß, alle übrigen Arbeiten müssen darunter leiden und die größte Unordnung ist die nöthige Folge. Der Mann findet bei der Heimkehr von der Arbeit noch Bütten, Wäsche, Seifengeruch überall im Wege, findet das Essen nicht zeitig oder schlecht zubereitet und wird mißmutig und bös gelaunt".

„Schon beim Anmachen des Feuers kannst du täglich einen Groschen sparen. Nimmst du statt Holz dazu Lohkuchen und statt Stroh oder Hobelspäne Papier, dann hast du den Pfennig schon heraus.

Ein Pfennig täglich gibt in sechs Monaten 1 M. 80, im Jahr 3 M. 60". (67)

(Hier sei ausdrücklich an die Mitarbeit der weiblichen Familienmitglieder beim häuslichen Gewerbe erinnert)

Die Töchter der bürgerlichen Oberschicht wurden meist in private (klösterliche) Haushaltungs- bzw. Töchterschulen geschickt. Es gab wohl ganz bestimmte Adressen. Im Kloster Sießen z. B. lernten noch in den zwanziger Jahren des letzten Jahrhunderts die Töchter des Ehepaars Bob vom Gasthaus „Arche" – Martha und Hermine - sowohl die Umgangsformen mit Angehörigen der eigenen Schicht als auch sozial höher Gestellten bzw. „Niedrigstehenden und Dienstboten". Im Nachlass der einstigen Arche-Wirtin Martha Fleig geb. Bob findet sich ein Anstandsbüchlein „Unterweisungen über das anständige Benehmen in verschiedenen Lebenslagen, zunächst für bürgerliche Kreise"[44]. Was die „bessere Küche" zu bieten hatte, ist in einem handgeschriebenen Kochbuch von Hermine Fehrenbach[45] ebenfalls im Nachlaß von Martha Fleig,zu finden.

In diesem Buch findet sich auch folgendes Gedicht:

Geh in die Küch zur rechten Zeit

Verschlaf dich nie sonst kommst nicht weit
Sei selber sauber blitz und blank
Wie dein Geschirr im Küchenschrank
Vergiß das Feuer nie zu schüren,
Man könnt es sonst am Essen spüren,
Dass du an andres hast gedacht
Und nicht, was du gesollt, vollbracht.
Auch für heiß Wasser sei besorgt
Da dieses man doch niemals borgt.
Sonst stellst dich in das böse Licht
Dass du ne schlechte Köchin bist.
Sind Feuer und Wasser sonst auch Feind
In der Küche sind sie stets vereint
Hebst einen Topf vom Feuer du
Nimm niemals deine Schürz dazu
Willst du ne saubre Köchin sein
Halt dir bereit Topflappen fein.
Eh du beginnst zu kochen dann
Sieh das Rezept genau dir an
Nimm nicht zu wenig, nicht zuviel
Wieg's oder miss's, kommst schnell zum Ziel
Und hast du alles besorgt, nichts vergessen
Dann, Kind, schmeckt dir und anderen das Essen.
Brings flink zu Tisch mit heiterem Gesicht,
Vergiss mir aber das Tischgebet nicht.
Denn wenn den Herrn du lädst zu Gast,
Gibt Segen er zu dem was du bereitet hast".

Der Hinweis in diesem treuherzigen Gedicht „Hebst einen Topf vom Feuer du, nimm niemals eine Schürz dazu“ bestätigt indirekt Erzählungen, dass durch unachtsames Hantieren über der offenen Feuerstelle blitzschnell ein furchtbares Unglück geschehen konnte.

Bertha von Suttner, Friedensnobelpreisträgerin 1843-1914 Die langjährige Mitarbeiterin des Dynamit-Erfinders Alfred Nobel stammte aus einer österreichischen Offiziersfamilie. Die leidenschaftliche Pazifistin führt in Vorträgen und Schriften einen „Krieg dem Kriege". Bekanntestes Werk „Die Waffen nieder" (1899). 1905 erhält sie den Friedensnobelpreis.*

Lehrerinnen / Selbständige / Fabrikarbeiterinnen

Die Lehrerinnen

Noch übten die Frauen keine öffentlichen Ämter aus und die Erwerbsmöglichkeiten der Frauen über den häuslichen Bereich hinaus erweiterten sich nur sehr langsam. Wohl erst lange nach 1800 kann man von außerhäuslichen Berufszweigen sprechen. Obwohl seit Beginn des 19. Jh. den Mädchen eine bescheidene Schulbildung zuteil wurde, ließen weibliche Lehrkräfte an der Furtwanger Volksschule noch lange auf sich warten. An der Industrie-Schule dagegen erhielt die Lehrerin Sophia Pflum bereits 1838 „die hohe Zufriedenheit mit ihren Leistungen" ausgesprochen. 1873 wurde das Gehalt von Amalia Heim auf 125 fl. festgesetzt. Um diese Zeit besuchten 345 Mädchen zusätzlich die „Industrieschule". Die beiden Lehrerinnen Severine Kaltenbach und Berta Trenkle aus Furtwangen unterrichteten in 10 Abteilungen je drei Wochenstunden. Erst 1878 trat die „pädagogische Pionierin," die Unterlehrerin und spätere Lehrerin Laura Amalie Kaiser in der Volksschule ihren Dienst an, wie lange ist leider nicht bekannt. 1910 finden wir im Kollegium die Hauptlehrerin Sophie Leibecher und die Unterlehrerin Anna Häsler. Um 1878 wurde die Schule von 414 Buben und 493 Mädchen besucht. 1913 setzte sich das Lehrerkollegium der „Volks- und Bürgerschule" aus 14 Lehrern und 4 Lehrerinnen zusammen.[46]

Heliodora Scherzinger, geboren 1881, – zu ihrer Zeit unter dem Namen „d' Helidore“ stadtbekannt - trat in die Öffentlichkeit. Sie muss eine ungewöhnlich tatkräftige Frau gewesen sein. Auf behördliche Weisung brachte sie den Furtwangerinnen u.a. zu Beginn des ersten Weltkriegs auch den Umgang mit der Kochkiste bei. Das Zeugnis der zweiten Prüfung bescheinigte ihr überdurchschnittlich gute Leistungen, ebenso ein Dienstzeugnis vom November 1909. Nach fünfjähriger Tätigkeit wurde ihr attestiert, dass sie „mit großem Fleiße und großem Erfolge gewirkt und die uneingeschränkte Anerkennung der Gemeindebehörde gefunden hat.“ Heliodora Scherzinger gab auch in Gütenbach acht Wochenstunden Unterricht. Die Stadt bemühte sich, für die Lehrerin den Status eines „nicht etatmäßigen Beamten“ zu erreichen. Wohl weniger der Anerkennung halber als um die Kosten für das Gehalt an das Land Baden abzuschieben: Doch diesmal stellte sich das Minsterium in Karlsruhe quer. Begründung: Zwischen Gütenbach und Furtwangen bestehe kein Schulverband und daher fehle die Rechtsgrundlage für eine Zusammenrechnung der beiden Stundenetats. Der Schulverband wurde erst nach langem Hin und Her aus der Taufe gehoben und schließlich am 15. Nov. 1919 genehmigt. Mit „Rücksicht auf das vorgeschrittene Alter und die Würdigkeit der Lehrerin (da war sie 38 Jahre alt, d.V.) wird Fräulein Scherzinger die Eigenschaft eines nicht etatmäßigen Beamten rückwirkend ab dem 1. Juni 1918 an zuerkannt.. [47]

Die Furtwanger Honoratioren freilich scheinen mit den „Frauen im Schuldienst“ sonderbarer Weise nicht glücklich geworden zu sein. 1903 protestierten sie dagegen, daß „eine frei gewordene Stelle mit einer Frau besetzt wird“. 1913 bat ein „prominenter Bürger“ wieder mehr Lehrer an die Friedrichschule zu bekommen. Begründung: Weibliche Lehrkräfte“ würden ja nicht heiraten, keine eigene Familie gründen und seien somit für die Stadt von geringem, wirtschaftlichen Nutzen! (Bekanntlich musste eine Lehrerin aus dem

Beruf ausscheiden, wenn sie heiratete, d. V.)
Wurden während des Ersten Weltkriegs verstärkt Lehrerinnen eingesetzt, so sollten sie danach „wieder auf das den Bedürfnissen des Unterrichts entsprechende Maß“ zurück geführt werden. Der diesbezügliche Erlass von 1920 schließt mit der ernstlichen Warnung vor dem Zugang zum Lehrerinnenberuf. [48]

Die Selbständigen

Wohl die ersten „Selbständigen", deren Namen bis heute bekannt sind, weil sie von der Stadt besoldet wurden, sind die Hebammen. Ursprünglich kümmerten sich wohl erfahrene familienangehörige Frauen oder Nachbarinnen um die Wöchnerin. Im Rechnungsbuch des Jahres 1816 ist für Katharina Wehrle ein Jahresgehalt von acht Gulden ausgewiesen. Bereits ab dem Jahr 1832 wurde eine weitere Hebamme besoldet – Emerenzia Dufner, verh. Kirner. [49] Sie war wohl die erste, die bei einem Oberhebarzt eine qualifizierte Ausbildung erhielt. Für die „Vornahme der Hebammenwahl" erhielt Dr. Ketterer aus Triberg zwei Gulden. Als weitere Hebammen werden Cäcilie Kern, verh. Fackler, Amalie Hettich geb. Wiber, Maria Saum und Wilhelmine Dold genannt.

Sophie Schaller geb. Duffner führte das Ladengeschäft ihres Pflegevaters, Sattlermeister Karl Thurner, nach dessen Tod weiter. Ja sogar eine „Packerin" ist erwähnt.

Friedhilde Hepting, verw. Kirchberg geb. Wehrle betrieb als Damenschneidermeisterin ein renommiertes Geschäft und war eine geschätzte Ausbilderin. Die Handarbeitslehrerin Elfriede Stehling, geb. Dorer, führte im heutigen Haus Nusser ein Handarbeitsgeschäft, sie war bekannt für ihre Tapisserien. Maria Deusch geb. Steiert[50] war eine gesuchte Trachtenstickerin. „D' Mathilde" (Wehrle) ist bis heute bekannt als die resolute Inhaberin eines Gemüseladens neben der Stadtapotheke. Als nach der Jahrhundertwende Tomaten auftauchten, soll sie auf eine Frage nach deren Verwendungsmöglichkeit in ihrem ausgeprägten Simonswälder Tonfall geantwortet haben, „das ist bloß für die Besseren und die machen Soße davon"! Wenn auch selten namentlich bekannt, ist doch gesichert, dass Frauen

Bild: Heimatmuseum Furtwangen

Ziegler, Phot. Moderne Uhrmacherwerkstätte (Badische Uhrenfabrik A.-G.)

gegen Lohn Wäsche pflegten, bügelten, stärkten. Das Stärken der separaten Herrenhemdenkragen war eine gesuchte Fähigkeit. In Gütenbach z. B. war es „d' Philippine". Sie wohnte in dem Eckhaus Kreutzstraße/Kirchweg.

Frauen, die, zumindest zeitweise, in der Familie abkömmlich waren, schafften, sich als „Stör"-Näherinnen eine Existenz, bzw. trugen zum Familienunterhalt bei. „Auf die Stör" bedeutete, dass die Näherin für einige Tage ins Haus kam, Kleider ausbesserte, Arbeitshemden für die Männer, eventuell auch ein neues Kleid für Hausfrau oder Töchter schneidern durfte. Die Frauen brachten meist ihr eigenes „Handwerkszeug" mit, d. h. sie trugen ihre Handnähmaschine bei jedem Wetter über schwierige Wege in die entlegensten Häuser und Gehöfte. Wie gefährlich das sein konnte, zeigt ein Weg-Kreuz, das am heutigen Wanderweg von der Ladstatt zum Katzensteig steht. Eine Frau wurde dort überfallen und ihrer Barschaft beraubt. Der Name Wilhelmine Braun geb. Pfaff steht für diese Gewerbe.

Kriege, Naturkatastrophen, aber auch übergeordnete, wirtschaftspolitische Entscheidungen, entzogen der Bevölkerung immer wieder die Existenzgrundlagen, die bisher schon äußerst kärglich waren. In deren Folge gab es eine lang anhaltende Auswanderungswelle, der sich auch einige couragierte Furtwangerinnen anschlossen – so entschloss sich 1888 die Witwe von Lorenz Bob, Anna Elisabeth, zusammen mit zweien ihrer fünf Kinder zum Sprung über den Atlantik. In Connecticut fand sie zusammen mit einer ihrer Töchter Arbeit in einer Uhrenfabrik. Anfangs der 20er Jahre des letzten Jahrhunderts folgte Hilda Herr der Tochter Mathilde aus dem Autohaus Mahler nach Buenos Aires, wo sie zunächst als Erzieherin in einem Privathaushalt arbeitete und später den Landsmann Pitthofer heiratete. Nach Senta Leicht-Kuner ging die Uhrenmacherin und spätere Ehefrau des Friseurmeisters Gfell, Frida Weber, nach dem Zusammenbruch der Uhrenfabrik Fellheimer in den zwanziger Jahren des letzten Jahrhunderts, mit dem Unternehmer nach Straßburg. Sie soll dort den „Straßburgerinnen das Uhrenmachen gelehrt“ haben.

- **Louise Otto-Peters (1819 – 1895) Beschäftigte sich vor allem mit der weiblichen Arbeitswelt. 1852 verlobte sie sich im Gefängnis von Bruchsal mit August Peters, der ihre frauenpolitischen Aktivitäten unterstützte. 1865 war Louise Otto-Peters Mitbegründerin des Leipziger Frauenbildungsvereins und wurde zur 1. Vorsitzenden gewählt. Im Oktober gründete sie zusammen mit Auguste Schmidt den Allgemeinen Deutschen Frauenverein (ADF). ***

Die Fabrikarbeiterinnen

Der gesellschaftlichen Logik folgend wurde die häusliche Zuerwerbsarbeit vorwiegend von den verheirateten Frauen geleistet. Die Ledigen verdingten sich eher als Dienstmädchen in den „besseren“ Familien. Ab ca. 1850 boten sich den jungen Frauen Verdienstmöglichkeiten auch in den Fabriken. In den bäuerlichen bzw. Handwerkerschichten des 19. Jh., ja z. T. noch nach dem zweiten Weltkrieg, galt Fabrikarbeit aber ganz allgemein als sozialer Abstieg. Vielfach war es den Bauern „nicht gut genug“ dass die Töchter ihren Lebensunterhalt in den Fabriken suchten, es kratzte, zumindest vordergründig, an der Reputation. Eine wichtige Rolle spielte jedoch auch der Hintergedanke, dass dem Hof, bzw. dem Gewerbebetrieb, eine praktisch kostenlose Arbeitskraft verloren ging. Töchter, die keine Chance zu einer Heirat hatten, waren die billigsten Arbeitskräfte, sie rangierten in der sozialen Hierarchie einer Bauern- oder Handwerkerfamilie so ziemlich auf der untersten Stufe. Wie mögliche Ehen von Töchtern, bzw. Schwestern immer wieder hintertrieben wurden, wird in vielen Erzählungen immer wieder thematisiert.
Der Eintritt in ein Kloster, mit der Möglichkeit einer Ausbildung scheint da zeitweilig eine „Flucht“ aus der Perspektivlosigkeit gewesen zu sein.

*** Rosa Luxemburg (1870 – 1919) in Polen geboren**
Ihre Eltern ermöglichten ihr ein Studium in der Schweiz. Philosophie, Naturwissenschaften, Nationalökonomie. Schon als Schülerin orientierte sie sich am Sozialismus. Mit 27 Jahren kam sie nach Deutschland. Sie schloß eine Scheinehe um die deutsche Staasbürgerschaft zu erhalten. Mehrfach wurde sie zu Haftstrafen verurteilt u. A. wegen Majestätsbeleidigung. Am 15. Januar 1919 wurde sie zusammen mit Karl Liebknecht von Freikorpsoffizieren misshandelt, erschossen und in den Landwehrkanal geworfen.*

Eine wichtige Rolle spielte in diesen Überlegungen, dass die Töchter oder Schwestern bei einer Heirat eine Mitgift zu beanspruchen hatten. Das konnte durchaus ein oder mehrere Stück Vieh oder auch ein Stück Wald kosten. So war es auch kein Wunder, dass Frauen oft eine absehbar problematische Ehe eingingen. Die „mündliche Überlieferung" begründete eine solche Heirat mit folgender Redensart „es ist mir nicht um den Vogel, es ist mir ums Nest". Im Gegensatz zur unverheiratet gebliebenen „alten Jungfer", (die keinen abgekriegt hat) genoss eine verheiratete, bzw. verwitwete Frau/Mutter ein relatives soziales Ansehen und – ganz wichtig – sie hatte einen eigenen Hausstand – und war er noch so bescheiden. Ganz unten auf der sozialen Stufenleiter aber stand über Jahrhunderte die besitzlose, unverheiratete Mutter und ihr Kind.

Ein Ausweg aus dieser familiären Abhängigkeit, ebenso wie aus dem Magd- bzw. Dienstbotenverhältnis, bot sich daher den Frauen ab der Mitte des 19. Jh. mit der Arbeit in der aufstrebenden Industrie. Den Männern gleich begaben sie sich in den Uhrenfabriken unter das Diktat der Stoppuhr, vorwiegend in der Bestandteilemacherei (rollieren, bohren, senken), beim Spulenwickeln oder beim Zusammensetzen der Uhrwerke. Trotz des schlechten Verdienstes war es ein kleines Stückchen Unabhängigkeit.

Doch nicht nur die familiäre Verantwortlichkeit (Kinder, pflegebedürftige Angehörige) machten es den Frauen schwer, „außer Haus" erwerbstätig zu sein. Auch die aufstrebenden Gewerkschaften waren über diese Entwicklung nicht sonderlich begeistert, sie sahen in den Frauen eher die Konkurrenz als das Mitstreiterpotential. „Gleicher Lohn für gleiche Arbeit" war noch bis lange nach dem 2. Weltkrieg ein Thema. Drängten Frauen auf den Arbeitsmarkt, so die Argumentation, würden die Löhne fallen.

Dass diese Überlegung nicht unbegründet war, belegt Feurstein. Demnach erhielten „Niedere Löhne 20% der Arbeiter /aber 98% der Arbeiterinnen. Mittellöhne bezogen 49% Arbeiter gegen-

über 2% Arbeiterinnen. In den hohen Lohngruppen sind noch 31 % der Arbeiter, aber keine Arbeiterinnen mehr zu finden". „Die niederziehende Wirkung des Bleigewichts der 98 % kann man sich vorstellen. Dieser Tiefstand der Frauenlöhne ist für die Männer umso bedenklicher, als die Arbeiterin dem Manne auf der ganzen Linie der eigentlichen Uhrentechnik, die mehr als physische Kraft erfordert, an Leistungsfähigkeit nicht nachsteht. Die Arbeiter gestehen das neidlos zu. Sie behaupten sogar, daß das Weib im Spindelstecken, Balance einziehen und -abwiegen und in gewissen Finierarbeiten dem Manne über ist. Die Arbeiterin erhält aber für dieselbe Arbeitsleistung durchgängig gerade die Hälfte des Männerlohns". [51]
Gewerkschaftliches Ziel – sicher auch eine Frage des Selbstwertgefühls – war daher eher der Anspruch, als Familienvater die Existenz der Familie allein sichern zu können. 1898 veröffentlichte der Vorstand des deutschen Metallarbeiterverbandes eine Erhebung über „Die Lage der Schwarzwälder Uhrenarbeiter in Schwenningen". " Nimmt man als Existenzminimum eines Arbeiters einen Jahreslohn von Mk. 900.- an, so sieht der Verdienst für die Furtwanger Arbeiterinnen „noch trauriger aus". 21 verheiratete bzw. verwitwete Frauen verdienten unter Mk. 450 .- jährlich, nur 11 liegen darüber. Der Jahresarbeitsverdienst der drei bestgestellten Arbeiterinnen betrug Mk.655.50, Mk.570.- und Mk. 513.-. Dabei mussten alleinstehende Frauen nicht nur für Kinder, sondern teilweise auch für Eltern oder Geschwister mit sorgen.

Das Budget einer ledigen Arbeiterin wird folgendermaßen dargestellt:
„Verdienst per Tag Mk. 1.30 = 12 Arbeitstage Mk. 15.60

Ausgaben

Wohnung	Mk. 1.50
Kostgeld	„ 9.80
Krankenkassen-, Alters- und Invaliditätsbeitr.	„ 0.30
Kleider, Schuhe und dergleichen	„ 2.-
Seife, Soda und sonstige Waschmittel	„ 0.80
Zehrgeld für Sonntag, Vesper u. A. ca.	„ 1.50

Summa	Mk. 15.90

Mk. 15.90

Manko Mk. 0.30

Die Frage nach „sonstigen Mißständen im Lohnsystem“ wird u. a. folgendermaßen beantwortet: In der „Union Clock Co.“ erhält „eine Balance-Einzieherin für die Uhr das Stück 1 Pf. muß aber für jedes fehlerhafte Stück 4 Pf. Reparaturkosten zahlen“.
Berichtet wird auch „Eine Seite eines Zahltagsbuches einer Arbeiterin enthält folgende sehr bezeichnende Zusammenstellung

1000 Dails stecken	à 100 St. 7 Pf. =	70 Pf.
5 Reparaturen	à 1 St. 8 Pf. =	40 Pf.
		Rest 30 Pf

Dies betraf eine Arbeiterin, die sich daheim mit Dailsstecken beschäftigte.[52]

Ein besonders belastendes Kapitel war wohl von Anfang an die Reinigung der Fabrik-Toiletten. Mündlicher Überlieferung zu Folge mussten die Arbeiterinnen dies in aller Regel abwechselnd „nach Feierabend“ erledigen. Es liegt auf der Hand, dass hieraus Missgunst und Verbitterung entstehen musste.
Es ist erstaunlich, dass trotz all dieser widrigen Umstände sich relativ früh Frauen bereit fanden, für die Kolleginnen und Kollegin-

nen Mitverantwortung zu übernehmen. In seinem Bericht über die Arbeitnehmervertretung der Firma Siedle & Söhne weist Arnold Kienzler bereits 1917 zwei „Fabrikarbeiterinnen“ nach – Hermine Disch und Luise Fehrenbach. Im Jahr darauf gesellte sich Karoline Häringer dazu. In diesem Zusammenhang wird Luise Fehrenbach, nunmehr als Packerin bezeichnet, als Stv. Vorsitzenden des Arbeiterausschusses genannt. [53]

Der Nationalsozialismus setzte diesem Engagement freilich ein Ende! Erste Frau im Betriebsrat nach dem Krieg ist 1957 Lotte Duffner. Von 1984 bis 1993 gelang nun immer mehreren Frauen der Sprung in die Arbeitervertretung.

Clara Zetkin (1857 – 1933) Gründerin und Leiterin der Zeitschrift GLEICHHEIT. 1903 Wahlkampfauftritt für die SPD in Furtwangen. 19717 Mitgründerin der USPD, 1919 KPD. 1932 Alterspräsidentin des Reichstages.

Frauen treten in die Öffentlichkeit / Die Frauenvereine

Soweit eine Furtwanger Frau im späten 19. Jahrhundert überhaupt ins Licht der gesell-schaftlichen Öffentlichkeit treten, ja sich vielleicht sogar einen Namen machen konnte, war es die hochgestellte, die bürgerliche Ehefrau oder Tochter. Sie wirkte im Kirchenchor und Frauenverein, repräsentierte die soziale Seite der Klassengesellschaft, Caritas, Barmherzigkeit und Krankenpflege – die Stellung des Ehemannes im gesellschaftlichen Gefüge. Soweit sich die Geschichte der Furtwanger Frauen durch Inserate in den „Furtwanger Nachrichten" belegen lässt, führten sie Einzelhandelsgeschäfte, gaben Unterricht im Schneidern und Kochen, leiteten Schulen (Haushaltungs- bzw. Strohflechtschule), boten einen „Mittagstisch" an, waren als Hebammen tätig.
Bis um die zweite Hälfte des 19. Jahrhunderts lag die Krankenpflege hauptsächlich in den Händen der Bäuerinnen, bzw. der Mütter. Noch um die Wende vom 19. zum 20 Jahrhundert sind in dem Buch „Die neue Hausärztin" Krankheitsbilder und Behandlungsvorschläge für Mensch und Tier getreulich in einem Band vereint.[54]
In der Folge der Industrialisierung gab es hier natürlich einschneidende Veränderungen.
Stadtpfarrer Josef Beha schreibt in der Festschrift zum 10-jährigen Bestehen der Furtwanger Sozialstation[55] „Unterwegs zu den Kranken und Alten" „Die zunehmende Industrialisierung und die wachsende wirtschaftliche Entwicklung der Stadt Furtwangen in der zweiten Hälfte des 19. Jahrhunderts stellte jedoch auch an die Krankenpflege Anforderungen, denen manche Familie nicht mehr gewachsen war."
Die häusliche Fürsorge wurde aufgebrochen. Die Frauen suchten Arbeit in den Fabriken. Eine erste, 1841 von Arbeitern initiierte Krankenversicherung hatte – wohl auch wegen der Ignoranz des damaligen Bürgermeisters „der sich aber um die Sache seiner

ihn sonst belastenden Arbeiten wegen nicht annehmen wollte"- [56] keine lange Lebensdauer. Dennoch musste die Existenz der Familie abgesichert werden. In der gründerzeitlichen Gesellschaft der aufstrebenden Industriestadt tat sich also ein weites Feld für karitative Betätigung auf. Die bürgerlichen Frauen sahen hier ein ihnen gemäßes, öffentliches Aufgabenfeld, dem sie sich mit großem Engagement widmeten. Das Bedürfnis nach geschulten Krankenschwestern bildete sich heraus.

In der Folge dieser Entwicklung konstituierte sich im April 1876 der erste - der katholische - der Furtwanger Frauenvereine. Zu dessen erster Präsidentin wurde Catharina Heim geb. Kreuzer, die Ehefrau des Bankiers Heim, gewählt. Nach Stadtpfarrer Josef Beha war sie „Jahrzehnte hindurch die Seele der Vereinigung". Nach 30-jähriger Präsidentschaft wurde sie zum Abschied mit der Friedrich-Luisen-Medaille geehrt. Es war schwierig, die Frauen des Gründungsvorstandes bestimmten Familien zu zuordnen. Wahrscheinlich war Elisabeth Grieshaber die Ehefrau des Bürgermeisters und Schwester des Gutsbesitzers Duffner. Quinta Eschle dürfte die Ehefrau des Fabrikanten Irenäus Eschle aus der Familie Fehrenbach vom Bühlhof gewesen sein. Claudia Pfrengle war die Tochter von Gregor Duffner (Müller und Beck) und seiner Ehefrau Karoline geb. Kirner von der Oberen Mühle.

Bereits die 1. Generalversammlung des katholischen Frauenvereins beschloss, zwei Krankenschwestern einzustellen und schon 1884 gab es in der Kreuzerstraße einen Vorläufer des späteren Spitals. Kinderschule und Schwesternhaus waren in der Folge weitere Zeugnisse karitativen Engagements. Eine wichtige Informationsquelle, die die karitative Arbeit der Furtwanger Bürgerfrauen öffentlich begleitete, waren ab 1898 die „Furtwanger Nachrichten". Organisatorisch musste sich der Schwesternkonvent schon im Jahre 1903 teilen – Krankenpflege und Kinderschule wurden eigenständig. Die Kinderschule wurde um 1910 von etwa 80 Kindern besucht – wovon 30 die „Wohltat der Suppenanstalt genossen haben“[57]

1916 berichten die FN aus der Hauptversammlung „Der kath. Frauenverein widmete sich seit Beginn der Kriegszeit mit den anderen Frauenvereinen hier den Bestrebungen des Roten Kreuzes in der Herrichtung und Ausbesserung der Wäsche der im hiesigen Lazarett befindlichen Soldaten, in Abgabe neuer Wäsche für die Soldaten, dank milder Gaben von Privaten und Organisationen betätigte sie sich weiter an der Sammlung zur Kaiserspende deutscher Frauen mit einem Betrage von 400 Mark, eine Anzahl von Frauen, deren Ernährer im Krieg sind, mit Anfertigung von Militärhosen in einer Anzahl von 2400, welches eine Einnahme von 1680 Mk. ergab.“[58]

Zwar setzte sich die Vorstandschaft des katholische Frauenvereins aus den Ehefrauen und Töchtern hoch angesehener Bürger zusammen, doch viele Jahre war es der Stadtpfarrer, der als Präses, bzw. „Schutz Vorstand“ den Verein nach außen vertrat. Er erstattete in der Regel den Tätigkeits-, ebenso wie den Kassenbericht, referierte über nationale Frauenpflichten, die politische Lage oder die Bestimmung der Frau: „Namentlich sind die vermögenden Frauenspersonen der höheren Stände berufen, der notleidenden Menschheit hilfreich die Hand zu bieten“.[59]

Aus der Hauptversammlung 1915 z. B. berichten die FN „Hochw. Herr Präses behandelte in einem längeren und sehr schönen Vortrage „Der Dreibund, Italiens Stellung gegen uns, sowie die Stellung Roms zu Italien“[60]. In der zweiten Hälfte einer Versammlung wurden üblicherweise Unterhaltung, Lieder und Sketche, geboten, so dass die Versammlung recht gemütlich! verlief. [61] Selbst 1917 klang die Hauptversammlung noch aus „in die Mahnung opferbereit und opferstark durchzuhalten in dem Existenzkampf unseres Volkes bis zum ehrenvollen Sieg“.[62]

Unabhängig davon kümmerte sich der Verein um seine wachsenden karitativen Aufgaben.

Auch innerhalb der 1875 entstandenen altkatholischen Pfarrgemeinde konstituierte sich ein Frauenverein. Er gründete 1918 unter seiner Vorsitzenden, Frau „Robert“ (vermutlich Philippine) Siedle, ebenfalls eine Schwesternstation. Diese war, Pfarrer Backenecker zufolge, „der erste Quellfluß“ des späteren altkatholisch-evangelischen Krankenpflegevereins. Der zweite hatte seinen Ursprung in der seit 1901 existierenden evangelischen Kirchengemeinde. Der erste Weltkrieg verzögerte jedoch die Einstellung einer Krankenschwester, denn die wurden für Lazarette benötigt. Erst 1918 tritt „mit großem Mut und Hoffnung“ Schwester Margarete Hoffmann ihren Dienst an. Auf Drängen von Frau Luise Gutjahr hat der Zusammenschluss dieser beiden „Quellflüsse“ wohl noch vor dem 2. Weltkrieg statt gefunden. Schwester Emilie Beiermeister hat als evangelische Gemeindeschwester 20 Jahre in Furtwangen gewirkt. Backenecker schreibt „ Es muß nicht unbedingt ausführlich dargelegt werden, dass für die diakonische Arbeit in der evangelischen Kirchengemeinde die Frauen ein ebensolches Engagement einbrachten wie ihre ökumenischen Schwestern in der altkatholischen Gemeinde. Beide Gemeinden hatten von Anfang an einen guten Kontakt zueinander.“[63]

Stadtpfarrer Beha schrieb1989 in der Festschrift „Unterwegs zu den Kranken und Alten“ zum 10-jährigen Bestehen der Sozialstation: „Zu ihnen (den Kranken und Alten /d. V.) sind die Schwestern der Sozialstation täglich unterwegs. Kein Wort wird auf diesen Wegen so sehnsüchtig erwartet und so oft gesprochen, wie das Wort „Schwester“. „Schwester“, das ist eben nicht nur ein Wort. „Schwester ist auch kein Titel, kein Name, nicht einmal ein Beruf“![64]

Zu Anfang des 20. Jh. existierten neben den karitativen Frauenvereinen ein katholischer Arbeiterinnen- und ein überkonfessioneller Badischer Frauenverein. Der Arbeiterinnenverein wurde über viele Jahre von Karoline Woller geleitet. Auch dessen Mitglieder wurden – den anderen Frauenvereinen gleich – ununterbrochen zum Dulden, Verzichten und Opfern, zum Sparen, Spenden und Spendensammeln angehalten

Immer wieder werden auch Warnungen vor dem Abwandern der Dienstmädchen in die [65]Städte veröffentlicht: „Z. Zt. warten 30 bis 40 Stellen suchende Hausangestellte auf eine freie Stelle!" Ob diese Warnungen ganz uneigennützig waren, sei dahingestellt.

Die 1919 von Marie Juchacz gegründete Arbeiterwohlfahrt wurde in Furtwangen erst 1946 als Ortsverein konstituiert, sie hatte zwar ganz überwiegend aber nicht ausschließlich weibliche Mitglieder. Den bürgerlichen Frauenvereinen gleich deckte – und deckt sie bis heute – komplementär die soziale Seite der patriarchalen Gesellschaft ab. Für sie stehen Louise Kaiser (1951 bis1969) und Hedwig Ketterer (1969 bis 1987). Fast vier Jahrzehnte lang waren diese beiden Frauen die Seele des AWO-Ortsvereins. Sie konnten sich auf einen großen Kreis freiwilliger Helferinnen verlassen. Von Anfang an lag über viele Jahre der Schwerpunkt auf der Kindererholung. Die Kinder wurden vorwiegend auf der Kathrinenhöhe, heute Reha-Klinik, betreut.

Ein Schlaglicht auf die gesellschaftlichen Verhältnisse wirft ein Prozess vor dem Amtsgericht Triberg.

Wie die „Schwarzwälder Gewerbehalle" [66] berichtet, wurde dort eine Beleidigungsklage des katholischen Stadtpfarrers Dr. Huber gegen die sozialdemokratische Zeitung „Der Volksfreund" verhandelt. Dabei ging es darum, dass Dr. Huber die Frauen seiner Pfarrgemeinde moralisch unter Druck gesetzt haben sollte. Eine Zeugin sagte aus, „dass Pfarrer Huber gelegentlich eines Krankenbesuchs bei ihrem Manne in ihr Haus gekommen sei. Er habe die „Gewerbehalle" an der Wand hängen sehen und sich dann geäußert „die Nachrichten" (FN) wären da besser am Platz"! Nach dem Tode ihres Mannes habe er sie nochmals darauf angesprochen mit der Begründung, „das müssen wir Pfarrer doch besser wissen"!

Eine weitere Zeugin berichtete, dass der Pfarrer bei einem Krankenbesuch den „Volksfreund“ gesehen und der Frau nahe gelegt habe, diesen zu verbrennen, auch um den Preis eines „Ehekrachs“. Selbst bei der Beichte, so sagten Zeuginnen aus, habe Dr. Huber das Thema aufgegriffen.

Der Alltag der Arbeiterfrauen um die Jahrhundertwende

In dem Bericht zur „Lage der Schwarzwälder Uhrenarbeiter“ [67] werden die Wohnverhältnisse der Arbeiter als „sehr dürftig“ bezeichnet. „Es existiert ein Mangel an solchen Wohnungen, die die Arbeiter bezahlen können“.

Mündlicher Überlieferung zufolge verpflegten daher viele Frauen für ein mageres Entgelt Kost- oder Schlafgänger. (Schlafgänger waren Personen, die sich ein Bett mieteten, bzw. sich mit einem der Familienmitglieder beim Schlafen abwechselten). Nicht selten mussten sich zwei Familien eine Küche teilen. Abstellräume waren kaum vorhanden. „Aus einem Haushaltungsunterricht für Arbeiterfrauen“ von 1882 und mündlicher Überlieferung wissen wir, wie aufwändig damals die Führung eines Haushalts, die Sauberhaltung der Wohnung, wie mühsam die Pflege der Betten – Hälmen- oder Strohsäcke – der Kampf gegen Läuse und Schaben war. Folgt man diesem Lehrbuch, war die Hausarbeit an den einzelnen Wochentagen vom Waschen bis zum Flicken fast fabrikmäßig geregelt. Der müde heimkehrende Hausvater aber sollte natürlich nichts davon merken. Denn „findet der Mann bei der Heimkehr von der Arbeit noch Bütten (Waschzuber) Wäsche, Seifengeruch überall im Wege, findet er das Essen nicht zeitig oder schlecht zubereitet, wird er mißmutig und bös gelaunt!“ [68]

Nach August Meitzen „isst der Schwarzwälder“ täglich fünf Mahlzeiten. „Früh Wassersuppe, gesottene Erdäpfel und süße Milch; um 9 Uhr Butter, Käse, Milch und Brot; Zu Mittag Wassersuppe oder Specksuppe, gebratene Knöpfle, Schupfnudeln oder Erdäpfel mit Sauerkraut, Salat oder Mangold. Um drei Uhr Käse, Milch und Brot; In der Ernte wird auch wohl saurer Wein oder Bier mit Küchle gereicht. Abends kommt Milchsuppe, gesottene Erdäpfel und abgerahmte Milch auf den Tisch.“ [69]

Maria Hoch ihrerseits berichtet: „Essen: früh und abends; Supp, Kartoffel und Milch, Mittags: Schweinernes oder Mehlspeisen mit

Gemüse, Vesper: Speck, Wurst, Butter, Quark, eigenes Brot." [70] Da ist also von fünf Mahlzeiten keine Rede.
Ergänzend sei angefügt, dass während der Ernte, wenn auf entfernten Wiesen oder Feldern gearbeitet und das Essen leicht transportabel sein musste, Bäuerin und Mägde in der zweiten Vormittagshälfte „Strieble" backen mussten, ein mit Zucker bestreutes Fettgebäck, das sich in Tüchern transportieren ließ und wozu es in der Regel Apfelmus gab.

Z. B. Wilhelmine Mayer

Wilhelmine Mayer heiratete 1904. Sie war die zweite Frau von Pius Mayer und war mit 25 Jahren 17 Jahre jünger als ihr Ehemann. (Die fünf Buben aus der ersten Ehe starben alle in einer Woche an Diphtherie.) Das Ehepaar hatte neun Kinder, fünf Söhne und vier Töchter, die je zu zweit in den Betten schliefen.
Die Familie wohnte viele Jahre zur Miete beim Dachdecker Schuler im Kaffeetal, bis der Hof 1937 abbrannte. Pius Mayer arbeitete zeitweilig bei der Union Clock im Schützenbach, (ein Fußweg von ca. drei Kilometern) später als Nachtwächter in der Firma Dold. Die Mayers hatten es vergleichsweise „gut", denn die Mutter durfte im Hof ein paar Kleintiere halten (Ziegen, Kaninchen). Dazu gibt es noch eine hübsche Anekdote: Einer der Buben sollte die Ziege in den Katzensteig - d. h. quer durch das ganze Städtchen – zum Decken bringen. Zwanzig Pfennige soll die Angelegenheit damals gekostet haben. In der Bismarckstraße ließ sich der Halbwüchsige von den Bonbongläsern der Bäckerei Obergfell verführen, band die Geiß ans Treppengeländer und gab die zwanzig Pfennige nicht bestimmungsgemäß aus. Nach einer „Anstandsfrist" brachte er das Tier wieder heim. Als nun die Ziege keine Anstalten machte Nachwuchs zu bekommen, machte Wilhelmine Mayer kurzen Prozeß: Unverdienterweise musste die Geiß in die Bratpfanne wandern.
Vermutlich durfte Wilhelmine Mayer auch, gegen spätere Hilfe bei der Ernte, ein Stück Feld zum eigenen Kartoffelanbau nutzen, wie

es vielfach der Brauch war. Auch die Familie Mayer teilte sich die Küche mit einer weiteren Familie. Üblicherweise gab es zu Mittag Mehl- oder Kartoffelspeisen. Sehr früh wurden die Buben als Hütekinder verdingt. Wurde einer krank, musste eine der Schwestern einspringen. Im Herbst konnte man beim Hüten Vogelbeeren (Ebereschenbeeren) sammeln, damit ließen sich ein paar Pfennige verdienen. Vogelbeeren wurden angekauft als Grundlage für Marmelade. 1916 ging eine der Töchter in Holzschuhen zum Weißen Sonntag. Im folgenden Steckrübenwinter" bekamen die Kinder vom Nikolaus ein Scheibchen Schwarzwurst und eine Stück Brot. Selbst an Sonntagen gab es in diesen Jahren meist Pellkartoffeln zum Abendbrot. Darüber konnte unter den hungrigen, halbwüchsigen Buben durchaus Streit ausbrechen, was väterliche Schläge zur Folge hatte. Das „zusammen gedrehte Seil" hing als stete Drohung. neben dem Kachelofen. Eine der Töchter, die ein Stipendium für die Bürgerschule zugesprochen bekam, wurde von einer Klassenkameradin gelegentlich zum Mittagessen eingeladen, bekam ab und zu auch abgelegte Kleider geschenkt. Nach der Schulentlassung war sie in verschiedenen Haushalten und Fabriken tätig. Während der Inflationszeit gab es als Monatslohn gelegentlich ein Glastellerchen und doch - sie hatte „satt zu essen" und ein Unterkommen. Eine jüngere Tochter konnte als einzige eine Ausbildung als Krankenschwester machen.

Ein Waschtag erforderte – nicht nur bei Wilhelmine Mayer, sondern ganz allgemein bei Arm und Reich – einen riesigen Aufwand. Er durfte – von Ausnahmen abgesehen – nicht durch aufwändiges Essenkochen behindert werden. Bereits am Vorabend wurde der Waschtag mit dem Einweichen vorbereitet. Weiss- und Buntwäsche mussten exakt getrennt werden. Das Essen an Waschtagen war den Verfasserinnen von Kochbüchern in aller Regel eine eigene Rubrik wert. Exakte Anweisungen für die Behandlung der Bettwäsche gab es schon in der Schule. Ein Leintuch wurde in der zweiten Woche nach links umgewendet, ebenso mussten oben und unten gewendet werden. War im Lauf der Zeit das Leintuch in der Mitte verschlissen, so musste es „verstürzt“ werden, d. h. es wurde in der Mitte durchgeschnitten, Ober- und Unterkante neu zusammengenäht. Für die schonende Behandlung von Bett-, Tisch- und Leibwäsche gab es schon in der Schule strenge Vorschriften. Wer über eine Waschküche, bzw. deren Mitbenutzung verfügen konnte, durfte sich glücklich schätzen. Da konnte man die Lauge über einen Bodenabfluss ablaufen lassen. Üblicherweise musste die Wäsche im Kessel oder im so genannten Schiff auf dem Küchenherd gekocht werden. Mindestens drei Waschgänge waren erforderlich - am Abend zuvor das Einweichen, frühmorgens das Kochen – und der Hauptwaschgang - was um die Mittagszeit abgeschlossen sein musste - mehrfaches Spülen, jedes Mal mit einem Wringvorgang verbunden.

Wringen war Schwerstarbeit. In besser gestellten Haushalten gab es wohl schon Wring-Geräte – zwei gegenläufige, über dem Zuber festgemachte Walzen, die mit einer Handkurbel betätigt wurden. Nach dem letzten Spülen – evtl. mit „Wäscheblau“, das die Wäsche „weißer“ erscheinen ließ - begann die zeitaufwändige Arbeit des Aufhängens streng nach Art und Größe. Das erleichterte später die Arbeit des Sortierens und Ordnens. Auf Obstflecken, Flecken von Tintenbleistiften, Blut u. ä., reagierten die damaligen Mütter voll Entsetzen und oft mit Strafen. Nur mit langwierigem Bleichen auf der Wiese – im Stadtkern z. B. auch dort wo heute der SF-Bau steht oder unterhalb des heutigen Gebäudes Wilhelmstr.3 (früher Friseur Gfell) – und abermaligem Kochen waren diese Flecken einigermaßen heraus zu bekommen. Das Bügeln erfolgte noch Anfang des 20. Jh. mit einem Holzkohlebügeleisen. Zuvor aber mußten Vorhänge, Tischdecken u. Ä. gestärkt werden. Eine Wissenschaft für sich!

Ein Spezialfall, von dem betagte Arbeiterfrauen noch erzählen, war das Waschen der öligen, stinkenden „Blaumänner" z. B. der Mechaniker, der Automatendreher und Polierer. Von den scharfen Waschmitteln waren die Fingerrücken mit winzigen kreisrunden Löchern übersät, die bis zur nächsten Wäsche kaum heilten. Daher verwendeten manche Frauen auch Schmierseife. Ein Waschbrett sorgte für eine kleine Erleichterung.

Die allmorgendliche Toilette der Familienmitglieder fand in der Küche am Ausguss statt. 1904 wurde zwar die Wasserleitung eingeweiht, doch außerhalb des Stadtkerns befand sich längst nicht in jedem Haushalt eine Zapfstelle. Gebadet wurde auch bei der Familie Mayer hauptsächlich vor den hohen Kirchenfesten. Das Wasser musste vom Brunnen herein geholt und auf dem Herd erhitzt werden. Dabei gab es natürlich nicht für Jeden frisches, warmes Wasser. Die Mädchen kamen zuerst, denn Buben waren ja „dreckiger". Der Badezuber fand bei der Familie Mayer in der Küche Platz. Anderswo, wo es in der Küche zu eng war, wurde er in die Wohnstube gestellt. Wilhelmine Mayer ging, wie die meisten anderen Mütter ihrer sozialen Schicht auch, sonntags in die Frühmesse, an Weihnachten bereits um 6 Uhr ins Engelamt Anders wäre ja die häusliche Arbeit an einem Festtag nicht zu bewältigen gewesen.

Mann und Kinder mussten fürs Hochamt „hergerichtet" werden. Ältere Töchter waren da eine selbstverständliche Hilfe. Zumindest in halbwegs guten Zeiten erwarteten Familie und Gesellschaft eine blank geschrubbte Wohnung und ein mehr oder weniger aufwändiges mittägliches Festmahl. Kostbare Trachten ins festliche Hochamt auszuführen, war nur Frauen möglich, die über Gesinde verfügen konnten. Vor solchen Festen war natürlich Großputz fällig. Die oft auf den Knien geschrubbten, noch feuchten Holzböden wurden mit Pack- oder Zeitungspapier abgedeckt. (Doppel-)Fenster mussten geputzt, die frisch gewaschenen und gestärkten Baumwoll-Gardinen angebracht werden. Eine sehr aufwändige Arbeit war das Anbringen und Abnehmen der Vorfenster im Herbst

Furtwanger Nachrichten / 3. März 1903

Furtwangen, 3. März. Der Schwarzw. Gewerbehalle hier entnehmen wir, daß dem Vortrag der sozialistischen Agitatorin Frau Zettkin auch einige Frauen anwohnten. Wir finden es sehr lobenswert, daß die meisten Arbeiterfrauen fernblieben und damit bewiesen haben, daß sie sich nicht um Politik bekümmern. Die Tätigkeit der Frau liegt auf einem ganz andern Gebiete, dieselbe soll sich hauptsächlich um die gute Erziehung der Kinder und um die Haushaltung bekümmern, sie kann da viel besseres wirken, als im öffentlichen Leben. Ihr Bestreben soll sein, dem Manne und den Kindern das Heim möglichst angenehm zu machen, so daß diese es zu Hause behaglicher finden als im Wirtshaus oder auf der Gasse.

und Frühjahr. Konnte man sie im Freien abwaschen, war das eine große Erleichterung.

Nachdem 1937 das Anwesen Schuler im Kaffeetal einem Großbrand zum Opfer gefallen war, fand Wilhelmine Mayer, die nun seit einem halben Jahr Witwe war, zusammen mit der jüngsten Tochter eine Notwohnung im Hinterhaus der Badischen Uhrenfabrik (BADUF.) Die Tochter „ging in die Fabrik".

Einem kleinen Vermerk der FN vom 3. März 1903 zufolge war die sozialistische „Agitatorin Frau (Clara) Zetkin" zu einem Vortrag in Furtwangen. Auf wessen Einladung? Leider schweigen die Furtwanger Nachrichten darüber, ebenso in welchem Lokal bzw. zu welchem Thema die bekannte Sozialdemokratin sprach. Aber sie mussten zugeben, dass „der Versammlung auch einige Frauen anwohnten".[71]

Der erste Weltkrieg

Die Furtwanger Frauen lernten Begriffe wie Verdun, Somme, Ypern, Ardennen, Kemelberg – überall dort standen ihre Ehemänner und Söhne in den Schützengräben, in Trommelfeuer und Gelbkreuz-Gefahr. Lebensmittel wurden immer knapper, entsprechend stiegen die Preise. Brotmarken wurden eingeführt – die Frauen organisierten das Überleben, hamstern war dafür eine Grundvoraussetzung.

Bereits im Januar 1915 erfolgte in den FN ein Aufruf zur Reichswollwoche – getragene warme Kleidungsstücke wurden gesammelt –„ dazu haben sich schon verschiedene Damen bereit erklärt" – „da sie den Aufenthalt in den Schützengräben sehr erleichtern und erträglich machen". „Um es denen zu widmen, die mit ihrem Blut und ihrer Brust uns alle beschützen. Gebt soviel ihr irgendwie entbehren könnt"! [72] Felle von Kaninchen und Hauskatzen mussten abgeliefert werden [73] Sammeln war die Aufgabe von Schulkindern – man konnte alles brauchen: Gedörrte Kirschenstiele und Apfelschalen „ergeben einen guten Tee". „Brennesseln eignen sich nicht nur zur Zubereitung von Spinat, sondern auch als Baumwollersatz." Aus Frauenhaar lassen sich Treibriemen herstellen. Ein besonderes Opfer wurde den Frauen und Mädchen aller sozialen Schichten 1916 abverlangt – „Gold gab ich für Eisen" hieß die Aktion. Für ihren Goldschmuck bekamen die Spenderinnen eine eiserne Medaille mit der Umschrift „Gold gab ich zur Wehr – Eisen nahm ich zur Ehr". Die Mangelwirtschaft wird mit Sparappellen und -kochrezepten immer nachdrücklicher vermittelt. Brot- und Kartoffelzuteilungen werden immer geringer. Die Bäckereien durften nur noch samstags Kuchen backen. Immer wieder gibt es Berichte über Milchfälschungsprozesse. Breiten Raum nahmen die Vorträge über sparsames aber gesundes Kochen ein, möglichst fleischlos und fettfrei aber natürlich nahrhaft und gesund. Ein geflügeltes Wort machte übrigens in beiden Weltkriegen die Runde:

„In diese Suppe gucken mehr Augen hinein als heraus“. Frau Heliodore Scherzinger referierte in vielen Frauengruppen über fettarmes Kochen und den Gebrauch der Kochkiste.

Die Kochkiste war in beiden Weltkriegen ein wichtiges Gerät um Brennmaterial zu sparen. Es gab sie zu kaufen, aber viele Frauen stellten sie selber her: Eine passende Holzkiste für ein bis zwei Kochtöpfe wurde mit schlecht Wärme leitendem Material – Papier, Holzwolle, Stroh, Heu – ausgestopft. In die Öffnungen wurden Töpfe eingepasst und mit einem ebenfalls ausgestopften Deckel dicht verschlossen. Kochgut, das lange Garzeiten benötigte, wurde auf dem Herd stark angekocht und konnte nach mehreren Stunden auf den Tisch gebracht werden.

Weil nichts anbrennen konnte, konnte die Hausfrau auch mehrere Stunden abwesend sein. Zum Ankochen musste lediglich etwa ein Viertel der Garzeit gerechnet werden.

Der 1. Weltkrieg entzog logischerweise – sowohl auf den Bauernhöfen als auch in den Industriebetrieben – immer mehr Männer dem zivilen Arbeitsleben. Andererseits mehrten sich die Rüstungsaufträge. Entsprechend häuften sich die Annoncen in den FN, in denen Frauen und Mädchen für die Arbeit in den Fabriken gesucht wurden. „Überstunden, Schichtbetrieb und Arbeit an Sonn- und Feiertagen waren die Regel“ [74]

Die Folgen beleuchtet Karl Zipfel, zu dieser Zeit Meister in der Maschinenbau-Firma Koepfer, in seinen „Erinnerungen“. Er schreibt: „Die Anfertigung der Zünder wurde von jungen 14- bis 16-jährigen Mädchen (Kindergarten) besorgt, wogegen die Eisenzünder am Fließband nur von Frauen und Wiegeböden nur von älteren Arbeitern gemacht wurden

Bevor die Arbeit an diesen Zünderteilen begann, äußerte ich meinem Chef Rudolf gegenüber, er solle dazu nur keine Frauen und Mädchen einstellen. Die Arbeiter wurden aber immer weniger, die Frauen dadurch immer mehr und zum Schluss mußte ich feststellen daß, was die Arbeit und Gewissenhaftigkeit anbelangt, ich keine schlechten Erfahrungen mit ihnen gemacht habe. Der angeborene Neid und die Mißgunst untereinander konnte ich durch energisches Eingreifen wieder in die Bahnen bringen!“ [75]

Passend zur Propagierung weiblicher Industrie-Arbeit brachten die FN eine „Bekanntmachung“ des Bürgermeisters, in der „Das Verhalten der Jugend“ auf der Straße scharf kritisiert wird und Strafen angedroht werden. „Die Schuld liegt hauptsächlich bei den Müttern.“ [76]

Ein wichtiges Thema, das der kirchlichen - und wahrscheinlich auch der weltlichen – Obrigkeit sehr zu schaffen machte, waren „Kriegstrauungen“, die großenteils wieder geschieden wurden, ebenso die (Nicht)-Wiederverheiratung vieler Soldatenwitwen. Durch eine erneute Heirat verloren die Ehefrauen ja den Anspruch auf Witwenrente und einen eigenen gesetzlichen Anspruch – d. h. eine eigene Rente – hatten sie praktisch nie. Daher verzichteten viele dieser jungen Witwen auf eine erneute Heirat und lebten in „wilder Ehe“. Damit zogen sie sich das Stirnrunzeln der Öffentlichkeit zu, denn – so eine Bekanntmachung - „Obwohl sie nicht die sittliche Kraft zu einem enthaltsamen Leben besitzen oder die Kinder der Leitung eines Pflegevaters dringend bedürfen“ zogen es die Frauen vor, unverheiratet zu bleiben. Die örtlichen Seelsorger wurden ausdrücklich gebeten, ihre Erfahrungen dem Erzbischöflichen Ordinariat mitzuteilen.

Die Zwischenkriegszeit

Nach der Kapitulation berief Bürgermeister Herth eine „Vollsitzung der Furtwanger Räte“ ein, wobei die Erwerbslosen- bzw. Wohnungsfürsorge behandelt wurden. Dabei regte Redakteur Uttenweiler an, „auch eine Vertreterin des weiblichen Geschlechts beizuziehen“. Bereits in der nächsten Sitzung wünschte „Frl. Zehringer“ einen Aufruf zur Kleiderabgabe „auch auf Frauen- und Kinderkleider auszudehnen“.[77]

Am gleichen Tag wird der Aufruf zur Nationalversammlung veröffentlicht, „alle mindestens 20 Jahre alten männlichen und weiblichen Badener“ sind nun wahlberechtigt und ab 25 Jahren wählbar.

Die Furtwangerinnen aber taten sich schwer mit dem passiven Wahlrecht..

Gewählt wurden schließlich von der Zentrumspartei Maria Diemer, Karoline Woller und Berta Hug. Alle anderen Parteien fielen durch. Die Fabrikarbeiterin und langjährige Erste Vorsitzende des kath. Arbeiterinnenvereins, Karoline Woller, taucht noch des öfteren in Zeitungsberichten auf. Noch 1932 wird sie neben der Geschäftsfrau Maria Diemer als Mitglied des „Hindenburg-Ausschusses“ genannt. Hat sie sich je öffentlich geäußert? 1955 wurde ihr ohne große Umstände, sozusagen am Arbeitsplatz für 58 Jahre Betriebstreue durch den damaligen Landrat das Bundesverdienstkreuz verliehen. Das berichtet der Südkurier am 15. Oktober 1988 in ganz anderem Zusammenhang. Ihre Ehrenämter waren offensichtlich keiner Erwähnung wert.[78]

In der Folge des verlorenen Krieges, von Arbeitslosigkeit und Inflation, fiel auch die Heimarbeit als Zuerwerb großenteils weg. Auch der seit 1893 zunächst zaghaft aufkeimende Fremdenverkehr bot für lange Jahre keine Möglichkeit mehr. Die Statistiken sprechen eine bittere Sprache.[79]

Den Frauenvereinen ging ihre karitative Arbeit nicht aus. Bereits

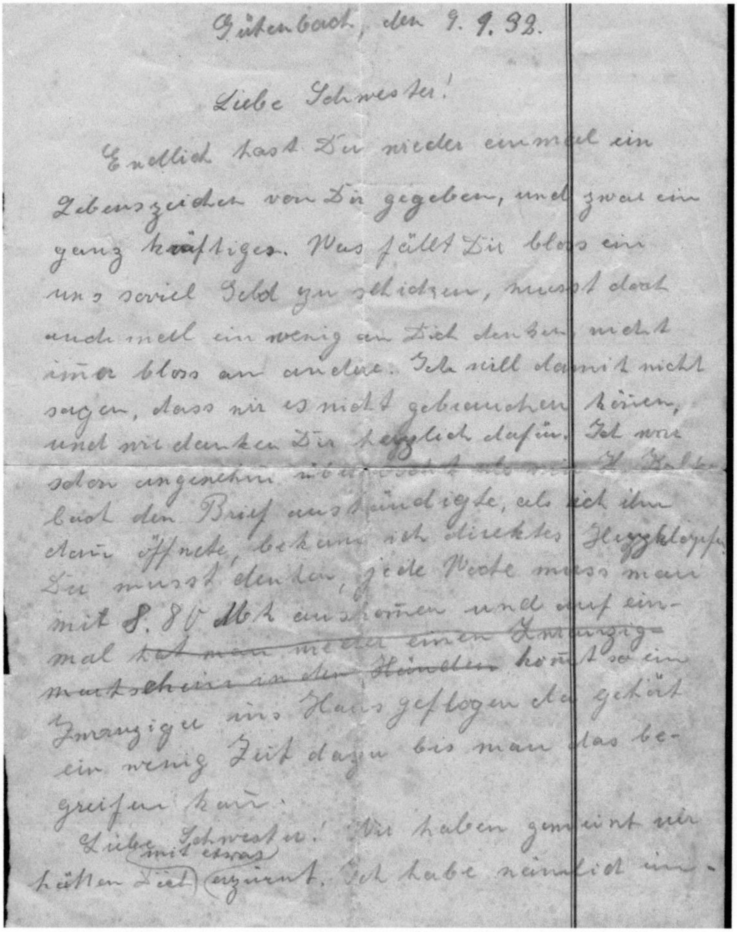

Gütenbach, den 9. 9. 32.

Liebe Schwester!

Endlich hast Du wieder einmal ein Lebenszeichen von Dir gegeben, und zwar ein ganz kräftiges. Was fällt Dir bloss ein uns soviel Geld zu schicken, musst doch auch mal ein wenig an Dich denken, nicht immer bloss an andere. Ich will damit nicht sagen, dass wir es nicht gebrauchen können, und wir danken Dir herzlich dafür. Ich war schon angenehm überrascht als mir H. Kalbbach den Brief aushändigte, als ich ihn dann öffnete, bekam ich direktes Herzklopfen. Du musst denken, jede Woche muss man mit 8.80 Mk auskommen und auf einmal ~~hat man wieder einen Zwanzigmarkschein in den Händen~~ kommt so ein Zwanziger ins Haus geflogen da gehört ein wenig Zeit dazu bis man das begreifen kann.

Liebe Schwester! Wir haben gemeint wir hätten Dich mit etwas erzürnt. Ich habe nämlich im-

Vgl. Briefauszug S. 88

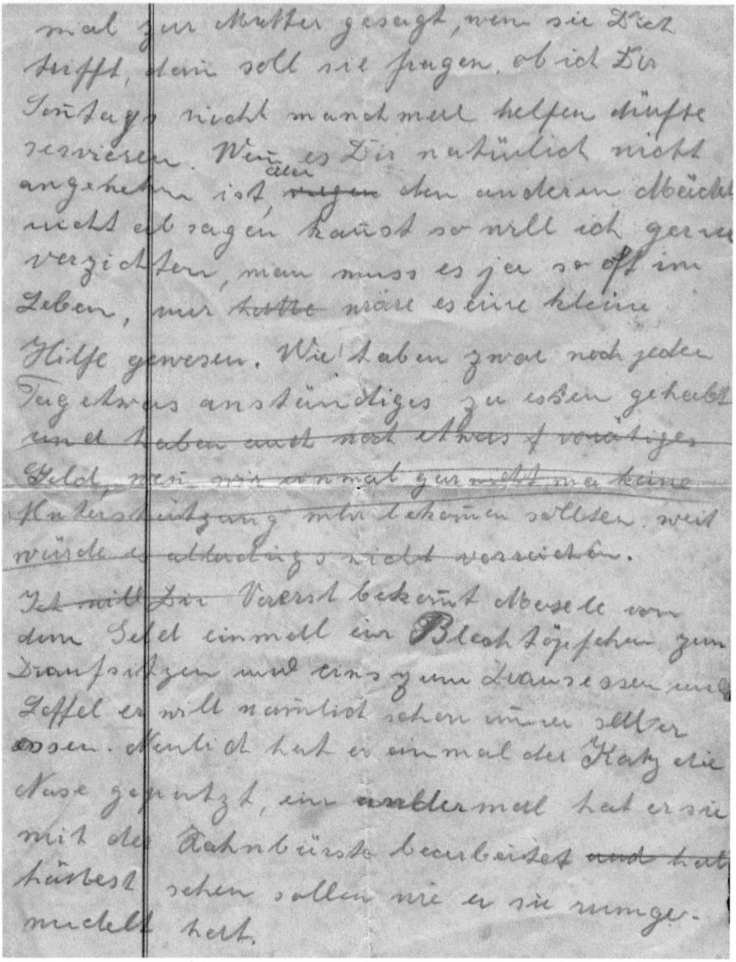

mal zur Mutter gesagt, wenn sie Dich trifft, dann soll sie fragen, ob ich Dir Sonntags nicht manchmal helfen dürfte gewesen. Wenn es Dir natürlich nicht angenehm ist, aber ~~sagen~~ den anderen Mädchen nicht absagen kannst so will ich gerne verzichten, man muss es ja so oft im Leben, mir ~~hätte~~ wäre es eine kleine Hilfe gewesen. Wir haben zwar noch jeden Tag etwas anständiges zu essen gehabt ~~und haben auch noch etwas vorrätiges Geld, wenn wir einmal gar nicht mehr keine Unterstützung mehr bekommen sollten. weil würde es allerdings nicht ausreichen.~~

~~Ich will Dir~~ Vaerst bekommt Moselle von dem Geld einmal ein Blechtöpfchen zum Draufsitzen und eins zum Draussessen und Löffel er will nämlich schon immer selber essen. Neulich hat er einmal der Katz die Nase geputzt, ein andermal hat er sie mit der Zahnbürste bearbeitet ~~und hat~~ hättest sehen sollen wie er sie rumgemacht hat.

1914 war in der Friedrichschule eine „Kriegsküche“[80] eingerichtet worden. Vor allem das Heer der Witwen mit Kindern war nach dem verlorenen Krieg auf öffentliche Hilfe angewiesen. Die drei konfessionellen Frauenverbände schlossen sich zu einer Arbeitsgemeinschaft zusammen, die1928 nicht nur einen Mütterschulungskurs für Säuglings- und Kinderpflege ins Leben rief, sondern auch einen „freiwilligen Arbeitsdienst“. Frauen und Mädchen unter 25 Jahren waren aufgerufen, in einem „Winternotdienst“ getragene Kleider auszubessern, um arme Kinder zu beschenken.
Am 14. Dezember 1932 berichten die FN, dass die drei konfessionellen Frauenvereine unter Vorsitz von Bürgermeister Miltner eine Kinderspeisung durchführen. „Vorläufig soll jedes bedürftige Kind vormittags um 10 Uhr Milch und Brod erhalten. Des weiteren ist vorgesehen, dass ein- bis zweimal wöchentlich „Notbedürftige“ ein Mittagessen erhalten. Die Kosten werden von einigen Baargemeinden getragen.[81] In der von den drei konfessionellen Frauenvereinen und der NS-Frauenschaft getragenen Suppenküche in der Friedrichschule wurde ab 1933 auch für Erwachsene ein Eintopfgericht ausgegeben.
Gab es „Freibankfleisch“ aus einer Notschlachtung, war das für einen Großteil der Furtwanger Familien eine willkommene Bereicherung des üblicherweise fleischlosen Speisezettels.
In diesen Inflationsjahren wurde den Arbeitern, sofern sie überhaupt noch arbeiten „durften“ , der Lohn täglich ausbezahlt. Sie rannten ins nächste Lebensmittelgeschäft in der Hoffnung, für ihren Lohn noch etwas zu bekommen. Oft wussten die Mütter nicht, wie sie die Familie ernähren sollten. In diesen Jahren, in denen die fünfköpfige Familie eines Arbeitslosen mit 11.- Mark Unterstützung pro Woche auskommen musste, gab es in vielen Familien einfach Suppe – morgens Haferflocken- abends Mehlsuppe, meinst mit ein paar Kartoffeln „angereichert“. Selbst am Weihnachtsmorgen gab es Haferflockensuppe. Es war einfach das Billigste.

Ein Auszug aus einem Brief aus dem Jahr 1932 möge die Verhältnisse dokumentieren:

Eine jungen Ehefrau und Mutter zweier Kinder aus Gütenbach schreibt an ihre Schwester

„ Liebe Schwester
Endlich hast Du wieder einmal ein Lebenszeichen von Dir gegeben, und zwar ein ganz kräftiges. Was fällt Dir bloß ein uns soviel Geld zu schicken, musst doch auch mal ein wenig an Dich denken, nicht immer bloß an andere. Ich will damit nicht sagen, daß wir es nicht gebrauchen können und wir danken Dir herzlich dafür. Ich war schon angenehm überrascht als mir Herr Kaltenbach den Brief aushändigte, als ich ihn dann öffnete, bekam ich direktes Herzklopfen. Du mußt denken jede Woche muß man mit 8.80 Mk auskommen und auf einmal kommt so ein Zwanziger ins Haus geflogen. Da gehört ein bißchen Zeit dazu, bis man das begreifen kann. () Wir haben zwar noch jeden Tag etwas anständiges zu essen und haben noch etwas vorrätiges Geld wenn wir mal gar keine Unterstützung mehr bekommen. Weit würde es allerdings nicht „reichen"?

Und weil es in den Fabriken keine Arbeit gab, verdiente sich manche Hausfrau und Mutter mit Schneidern und Flicken, mit Anstückeln und Verlängern von Kleidern ein paar Mark, ggf. auch ein Stückchen Butter oder ein paar Kartoffeln. 1930 annoncierte die Stadt eine Mütterberatungsstunde mit Ausgabe von Mütterpaketen..

Wohl ab der 2. Hälfte der zwanziger Jahre zogen die Bürgertöchter in die Kontore ein – eine Zeitzeugin amüsiert sich über die Vorstellung von jungen Frauen in weißen Rüschenblusen hinter klappernden Schreibmaschinen – nein, man trug schwarze Satin-Kittelschürzen, denn die Gefahr mit Farbe in Berührung zu kommen, sei doch sehr groß gewesen. Die Verkäuferin und das Servierfräulein in der weißen Rüschenschürze etablierte sich.

In den gehobenen Haushalten hielten allmählich Elektrogeräte Einzug – 1934 wurden entsprechende Kurse annonciert.

Das dritte Reich

Am 28. März 1933 brachte das Schwarzwälder Tagblatt die Meldung, dass in Furtwangen die Gründung des Bundes deutscher Mädel (BdM) beabsichtigt sei. „Es ist eine Selbstverständlichkeit, dass jedes junge Mädchen, das sich dieser Organisation einordnet, gewillt ist, ein ganzer Mensch zu werden und die Idee des Nationalsozialismus zu leben.“„Anständige Lebensführung“ in Vergangenheit und Zukunft sind Bedingung. Anmeldungen nehmen Anna Siedle und Bertha Aberle entgegen. [82]
Schon 1933 erfolgte die Gleichschaltung der konfessionellen Frauenvereine mit der NS-Frauenschaft. An ihrer sozialen Aufgabenstellung änderte sich praktisch nichts. Parallel dazu entwickelte sich mit der gleichen Aufgabenstellung das Winterhilfswerk (WHW)
Am 15. Februar 1934 berichten die FN über die Rede Goebbels' „zur Stellung der deutschen Frau in Ehe und Familie. Familie, das soll die Domäne der Frau sein, die hier als souveräne Königin herrscht.“[83]
Diesem Grundsatz entsprechend waren „Doppelverdiener“ eine besondere Zielscheibe der NS-Propaganda. In aller Regel sollten Frauen den „Familienvätern“ Platz machen. Doch gab es auch den umgekehrten Fall: Der Ehemann der Arche-Wirtin Martha Fleig, Oskar Fleig, wurde bereits 1934 als „Doppelverdiener“ – er war Schriftsetzer beim SCHWARZWÄLDER TAGBLATT – entlassen . [84] Zum Kriegsanfang freilich wurde schon wieder das Hohelied der „alles könnenden“ Frau angestimmt. [85]
NS-Frauenschaft und Frauenvereine warben für das „Landjahr“, denn die Rückführung der Frau in die Hauswirtschaft wurde als eine nationalpolitische Aufgabe von außerordentlicher Bedeutung angesehen . Arbeitsdienst und Dienstverpflichtung sollten den Arbeitsmarkt. entlasten. Der Führer vor der NS-Frauenschaft : “ Was der Mann einsetzt an Heldenmut auf dem Schlachtfeld, setzt die Frau ein in ewig geduldiger Hingabe, in ewig geduldigem Leiden

und Ertragen. Jedes Kind das sie (die deutsche Frau d.V.) zur Welt bringt, ist eine geschlagene Schlacht die sie besteht für Sein oder Nichtsein ihres Volkes“ (ungeheurer Beifall)[86]. Dementsprechend wurden „arische“ kinderreiche Mütter privilegiert – sie wurden zu Kuren geschickt, bekamen Fürsorgerinnen zur Hilfe, Bäuerinnen erhielten Landjahrmädchen oder „Arbeitsmaiden“ zur Unterstützung. Kurz, die Mütter fühlten sich „wahr genommen“ und die Industrie-Arbeitsplätze blieben den Männern vorbehalten. Andererseits aber muss man auch wissen, dass auf Abtreibung die Todesstrafe stand, dass Menschen mit angeborenen Krankheiten sich sterilisieren lassen mussten, dass Frauen und Mädchen die sich mit Gefangenen „einließen“ der Kopf kahl geschoren wurde. Die Gefangenen selbst erwartete das Todesurteil.
Der „Völkische Beobachter“ kündigte an „Die deutsche kinderreiche Mutter soll den gleichen Ehrenplatz in der deutschen Volksgemeinschaft erhalten wie der Frontsoldat, denn ihr Einsatz von Leib und Leben für Volk und Vaterland ist der gleiche wie der des Frontsoldaten im Donner der Schlachten[87]. An den Muttertagen fanden – von den Jugendorganisationen gestaltete – offizielle Feiern statt, bei denen von der NS-Frauenschaftsführerin – natürlich nur an ausgewählte „arische“ Mütter – Mutterkreuze in Bronze, Silber und Gold für vier, fünf, sechs und mehr Kinder, verliehen wurden. Jungmädel und Jungvolk hatten am Muttertag in Uniform anzutreten, sie spielten Theater („Mutter kann alles“), in dessen Mittelpunkt eine idealisierte Mutter stand. Und was musste sie tatsächlich nicht alles können. Sie musste neben ihren familiären Pflichten abermals weitgehend in die beruflichen Funktionen der Männer eintreten. Sie musste daran denken, dass die Fenster, abends verdunkelt, der Brandgefahr halber Wasser und Sand bereitgestellt werden mussten.
So wurde in Furtwangen 1943 eine weibliche Feuerwehrgruppe ins Leben gerufen, zu der wohl etwa zwölf 17- 18-jährige Mädchen gehörten. Dazu scheint es aber weder Beschlüsse, noch Anord-

nungen noch Protokolle gegeben zu haben. Vier Zeitzeuginnen berichten, ja, der Feuerwehrkommandant habe sie angesprochen, als sie vom RAD (Reichsarbeitsdienst) zurück gekommen seien. Sie waren für „Hilfsdienste" vorgesehen, kamen aber wohl nur einmal zum Einsatz, als die Turnhalle bei der evangelischen Kirche brannte. Die jungen Frauen waren stolz auf diese Arbeit – „man wollte doch nicht ewig „Staubsauger-Pilotin" sein! Einer Aussage zufolge mussten sie über Leitern bis zur Turmuhr der Friedrichschule klettern. Zwei von ihnen trauten sich das zu. Eine von ihnen erklärt bedauernd, dass sie ausgerechnet mit einer Gallenkolik im Bett lag, als die Turnhalle abbrannte. Sie stimmten darin überein: Wir waren eine „tolle Clique".

Als Objekte für die Hauptprobe dienten einmal die „Sonne" und einmal die Turnhalle. Die Frauen berichten, dass sie „hinter dem Rathaus" unter Fritz Müller wöchentlich Probe hatten, bei der „mit alten Schläuchen" das Löschen geübt wurde. Anlässlich einer Löschübung mussten die Mädchen den Schlauchwagen durch die Friedrich- und Fohrenstraße in die Innenstadt bringen und vermochten auf der steilen Straße den Wagen nicht mehr zu halten. So steuerten sie das Gefährt auf das „Ablaufrohr vom alten Waisenhaus" zu. Das Rohr wurde beschädigt und die Frauen bekamen einen „Anschiss!"

Dass es sehr wohl Spannungen zwischen den öffentlichen Anforderungen und persönlicher bzw. familiärer Einstellung gab, darauf lässt der Bericht einer Tochter schließen, die als Pflichtjahrmädchen in die Familie des Ortsgruppenleiters Nopper kam und sich abends zuhause lobend über die „schöne Rede" des Führers äußerte. Eine väterliche Ohrfeige soll die Folge gewesen sein. Zur Schulentlassung musste sie auf elterliche Anordnung als Einzige in „Zivilkleidung" gehen, was ihr wohl Unannehmlichkeiten eintrug. Andererseits war es aber wohl auch so, dass die gewissenhafte Hausmädchen-Arbeit in der Nazi-Familie ihrer eigenen Familie ei-

nen gewissen Schutz vor Denunziation geboten hat.
Auch im Raum Furtwangen wurden natürlich die nationalsozialistischen Organisationen für den weiblichen Teil der Bevölkerung aufgebaut. NS-Frauenschaft, Kindergruppe, (ab sechs Jahren) Jungmädel(10-14 J.) und BDM. Sie hatten meist am Samstagnachmittag oder -abend ihre „Dienst" genannten Gruppenstunden mit Singen, Sport, Kameradschaftspflege, aber natürlich mussten sie die Namen der „großen Männer und Frauen" und deren Verdienste aufsagen können. Streng verboten war, zum „Ehrenkleid" – formell Dienstkleidung – bunte Haarbändchen zu tragen. Die Mitglieder der Jungmädel und des BDM wurden aufgerufen, genesende Soldaten aus den umliegenden Lazaretten an Sonntagnachmittagen mit Blumen zu begrüßen, ihnen mit Gesang, Volkstanz und Theater „ein paar unbeschwerte Stunden" zu bereiten. In der Schule hatten die heranwachsenden Mädchen allmonatlich einen Bericht über ihren „Kriegseinsatz" abzugeben. Dazu zählten Selbstverständlichkeiten wie Kinderbetreuung, Hilfe in Haushalt und Feld, Kräutersammeln u. ä. – doch das alles musste exakt aufgeschrieben werden. In den Schulpausen tauchten „subversive" Lieder auf: „Vor der Kaserne, vor der Sch...haustür, da standen zwei Gefreiten, die hatten kein Papier. Der Eine sagt Papier ist knapp, der Andre sagt ich nehm mei Kapp und putz mei F... (Hintern) ab"!
Daß konfessionelle Gruppen freilich unter scharfer Beobachtung standen zeigt ein Bericht von Maria Winterhalder im Schwarzwälder Boten vom 21. Juli 1994. Die Führerin einer katholischen Mädchengruppe wurde aufs Rathaus zur Gestapo bestellt, weil sie die Mädchen dazu angehalten haben solle, nicht mit „Heil Hitler" zu grüßen. Nach einem weiteren Verhör 1943 wurde sie zur Zahlung von 500 RM verurteilt.
Folgt man den befragten Zeitzeuginnen, so hatten die Frauen wohl eine Art Immunität gegen die „ideologische Belagerung" entwikkelt. Oder waren vielleicht Druck und Kontrolle nicht so groß,

weil sie weniger im öffentlichen Leben standen? Auch über die NS-Frauenführerin ist außer dem Namen nichts zu erfahren. Man absolvierte den nötigsten Dienst in den Organisationen, hielt den Mund - es gab Wichtigeres zu tun. Man kümmerte um verordnetes ebenso wie persönliches gegenseitiges Helfen. Darauf weist auch das Buch von Christabel Bielenberg „Als ich Deutsche war" hin.[88] Das Überleben musste organisiert werden – jeden Tag von neuem. Zwar war die Lebensmittelversorgung in den ersten Kriegsjahren auf Grund der Eroberungen noch verhältnismäßig gut. Ja, es gab zu Kriegsbeginn nicht wenige Familien, die erst durch die „Weißbrotmarken" den Brötchengeschmack kennen lernten. Im Lauf der Jahre wurden Vorgärten, ebenso wie die heutige Alois-Herth-Anlage zum Gemüse- und Kartoffelanbau umfunktioniert. Das alte Wissen um essbare Wild-Pflanzen lebte abermals auf. Man musste sich zu helfen wissen. Spar-Rezepte wurden abermals ausgetauscht: Karotten, geraspelt, geröstet und überbrüht wurde als „Kaffee-Ersatz" verwendet. Kaffeesatz wurde an Stelle von Fett zur Bratkartoffel-Zubereitung benutzt. Wer aus Hütebuben- oder Landjahrzeit noch einen „nahrhaften" Draht zu seinem bäuerlichen Arbeitgeber hatte, durfte sich glücklich schätzen.

Die Frauen aus Furtwangen und Umgebung rauchten – wenn überhaupt – im Geheimen. Rauchen war für eine „deutsche Frau" – ebenso wie Schminken – verpönt. So wurden Tabakzuteilungen, sofern sie nicht an die Front zu „unseren Soldaten" wanderten, als willkommene Tauschwährung für Nahrungsmittel genutzt. Der Ideologie entsprechend bekamen bereits Neugeborene Fleisch- und Brotmarken zugeteilt, alte Menschen dagegen waren ausgesprochen benachteiligt. Eine ausgebombte, 70-jährige Studienrätin aus Dresden wurde in eine Familie gelegentlich zum Mittagessen eingeladen. Weil sie aber partout nichts geschenkt haben wollte, gab sie dafür den Kindern Französisch-Unterricht. Wer das Kleidernähen – womöglich aus zwei- oder dreierlei Stoff – oder auch das Puppenmachen beherrschte, hatte gute Aussichten auf Milch

oder Butter. Über ähnliche „Tauschhändel“ wird vielfach berichtet – „kompensieren“ nannte man das. Es war eine vielbenutzte Vokabel. In vielen Haushalten wurden Kaninchen gehalten. Neben dem Fleisch lieferten sie auch Felle, es konstituierten sich - Berichten zufolge - Frauengruppen, die die Fellverarbeitung pflegten. So manches Stück ging wohl auch an die Soldaten im furchtbaren Rußland-Winter. 1941/42 konnten Ehefrauen und Mütter nicht genug „warme“ Socken und Handschuhe stricken.
Natürlich muss hier auch der Begriff „Radio Beromünster“ fallen. Es war der „Feindsender“ den jede/r kannte und hörte, obwohl niemand darüber sprach, denn „Erwischen-lassen“ bedeutete harte Strafe. Freilich berichtet eine Zeitzeugin auch, dass sie vom Gütenbacher Bürgermeister Josef Weisser ertappt worden sei – es habe aber keine Folgen gehabt. Auch solche Erfahrungen gehören fest gehalten.
Auf gewiss nicht legalen Wegen trieben die Soldatenfrauen oft Militärdecken auf, die dann zu Bubenhosen oder Mänteln für die Mädchen verarbeitet wurden. Aus alten Kleidern und Stoffresten flochten die Mütter dicke Zöpfe, liehen sich beim Schuster die passenden Leisten aus und nähten sie mit dem damals bekannten, besonders kräftigen, „Sternle-Faden“ zusammen, damit Groß und Klein zu Weihnachten warme Hausschuhe bekam. Als Sohle diente ein Stück Fahrradreifen.

Eine Zeitzeugin, die sich 1942 zur Kriegstrauung entschloss, erzählt, als sie durchs Fenster „den Nopper und den Becker“- die örtlichen Parteifunktionäre – aufs Haus zu kommen sah, habe sie „weiche Knie“ bekommen. Das war in aller Regel die Ankündigung vom Heldentod eines Angehörigen. In diesem Fall war es aber „nur“ die Mitteilung, dass der Ehemann bei El Alamain in die Gefangenschaft der Engländer geraten sei. Nicht so viel „Glück“ hatten viele andere Familien, deren Väter oder Söhne nicht mehr wieder kamen. Es gab im Raum Furtwangen Familien, in denen

mehrere Söhne nicht mehr aus dem Krieg zurück kamen..
Mit der Dauer des Krieges häuften sich die Todesanzeigen mit den Eisernen Kreuzen. Was sagte man den Müttern, den Frauen, wenn man sie auf der Straße traf? Man sagte gar nichts sondern wechselt die Straßenseite. Durften die Bäuerinnen zunächst noch einen Teil ihrer Butterproduktion behalten, so mussten sie ab 1944 die ganze Produktion abliefern und erhielten dann einen bestimmten Anteil zurück. Zu Weihnachten 1944 wurde den Bauern ein zusätzlicher Anteil zurückgegeben – die „Weihnachtssonderzuteilungsrücklieferungsbutter"! Im Frühjahr 1945 gab es Linsenzuteilungen, die voller Ungeziefer waren (Käferlinsen) und daher mehrfach von Hand verlesen werden mussten. Wenn es nach stundenlangem Schlangestehen eine Fleischzuteilung gab, war es meist Pferdefleisch. Ein geflügeltes Wort besagte „heute gibt's Rossfleisch, Rosskartoffeln (Topinambur) und Rossblumensalat" (Löwenzahn)..
Die Witwe Wilhelmine Mayer wohnte nun mit ihrer jüngsten Tochter in der Baumannstraße 28 unterm Dach. Alle fünf Söhne standen im Feld. Der Zweitjüngste wurde 1943 bei Stalingrad als vermisst gemeldet. Dafür erhielt sie 27 RM Vermisstenrente.

Das Ostarbeiterinnen-Lager bei der BADUF

Sehr unterschiedliche Informationen gibt es über das Barackenlager der Zwangsarbeiterinnen bei der BADUF. Es wird einerseits berichtet, die Frauen hätten am Sonntagnachmittag am Waldrand gesessen und „klagende Lieder" gesungen. Nach einer Zeitzeugin arbeiteten in der Firma Wehrle auf dem Moos etwa ein Dutzend der insgesamt mehr als 300 Frauen die als „Ostarbeiterinnen" geführt wurden. Einer Auflistung für das Finanzamt aus dem Jahr 1942 zufolge war die Jüngste gerade 16 Jahre alt. Eine der Frauen habe ein ca. 5-jähriges Kind gehabt, die kleine Ala. Dieses Kind sei tagsüber von Frau Wehrle zusammen mit ihren eigenen Kindern betreut worden. Einer Zeitzeugin zufolge sollen die Frauen aus den verschiedenen Betrieben nach Fabrikschluss in „Kolonnen" zurück ins Lager geführt worden sein. Mehrfach wird berichtet, dass die Ostarbeiterinnen von Arbeitskolleginnen gelegentlich zur Teilnahme am familiären Mittagessen eingeladen wurden. Folgt man den etwa zehn befragten Zeitzeuginnen, so existierte unter den Furtwanger Frauen wohl ganz allgemein eine Art von „Netzwerk". Man half sich untereinander, alle hatten die gleichen Sorgen. Eine frühere Mitarbeiterin der DAT-Fabrik berichtete aber auch, dass die deutschen Arbeiterinnen manchmal „ein bisschen eifersüchtig" gewesen seien, wenn der Meister die Zwangs- arbeiterinnen bei der Arbeitsvergabe „bevorzugt" habe.

Dagegen müssen im Lager selber brutale Zustände geherrscht haben. An die Adresse der „Herren Geschäftsführer der Lagerbetriebsgesellschaft GmbH" stellt ein Fabrikant in einem Schreiben fest, daß einer Diagnose von Dr. Zorbach zufolge einige Ostarbeiterinnen „infolge zu scharfen Vorgehens des Lagerleiters erheblich verletzt wurden".

„Behandelt werden mußten:

Abschrift.

FIRMA

An die
Herren Geschäftsführer der
Lagerbetriebsgesellschaft
G.M.b.H.

Furtwangen

FURTWANGEN

30.11.1943

zu Hd. Herrn F
Herrn D

vertraulich!

Herr Dr.Zorbach hat mir am 26.11. mit der Bitte, dies den massgebenden Herren weiterzugeben, offiziell folgendes mitgeteilt:

Herr Dr.Zorbach hat festgestellt, dass während der letzten Zeit Ostarbeiterinnen zur Behandlung überwiesen wurden, die infolge zu scharfen Vorgehens seitens des Lagerführers Heim erheblich verletzt wurden. Er führte als Beispiel folgende Fälle an:

Behandelt werden mussten:

1 Ostarbeiterin mit Schädelfraktur

1 Ostarbeiterin mit starkem Riss im Trommelfell und starker Blutung aus dem Ohr

1 Ostarbeiterin, die infolge starker Schläge mittels eines Gummiknüppels 3 Striemen hatte, die 2 cm hoch angeschwollen waren.

Herr Dr.Zorbach steht auf dem Standpunkt, dass ein derartiges Vorgehen über die Grenzen des Zulässigen hinausgehen. Er erklärte weitere Schritte hier nicht zu unternehmen. In zukünftigen Fällen könnte er jedoch die Angelegenheit nicht auf sich beruhen lassen. Es müsse hier unbedingt für Abhilfe gesorgt werden.

Herr Dr.Zorbach macht ausserdem darauf aufmerksam, dass der Lagerführer Heim vor längerer Zeit in der Klinik in Emmendingen in Behandlung war und dort als schwerer Psychopath erkannt wurde. In seinem zeitweiligen Zustand kennt er keine Grenzen, er fällt von einem Extrem ins andere.

Im Interesse einer Erhaltung der Arbeitsfähigkeit der Ostarbeiterinnen und um für die Zukunft etwaigen, unangenehmen Überraschungen vorzubeugen, würde es sich empfehlen, dem Genannten jede Züchtigung unter Zuhilfenahme von Schlagwerkzeugen irgendwelcher Art zu untersagen.

Heil Hitler!

gez.

b.w.

Ostarbeiterin mit Schädelfraktur
1 Ostarbeiterin mit starkem Riß im Trommelfell und starker Blutung aus dem Ohr.
1 Ostarbeiterin, die infolge starker Schläge mittels eines Gummiknüppels 3 Striemen hatte, die 2 cm hoch angeschwollen waren.
Der Adressat des Schreibens empfiehlt den Herren Geschäftsführern der als GmbH geführten Lagerbetriebsgesellschaft, „im Interesse einer Erhaltung der Arbeitsfähigkeit der Ostarbeiterinnen und um für die Zukunft etwaigen, unangenehmen Überraschungen vorzubeugen, würde es sich empfehlen, dem Genannten jede Züchtigung unter Zuhilfenahme von Schlagwerkzeugen irgendwelcher Art zu untersagen“ [89]. Welche menschlichen Katastrophen mochten sich hinter diesen dürren Sätzen verbergen?

Der Aussage eines Neffen von Kurt Schonhardt aus der Hans-Thoma-Straße 8 zufolge waren auch im Gasthaus BAD Ostarbeiterinnen untergebracht. Auf dem Dach habe sich ein Rot-Kreuz-Emblem befunden. Kurt Schonhardt, der im Anwesen Hans-Thoma-Straße 8 wohnte, soll dort unterm Dach einen Geheimsender betrieben haben und einigen Ostarbeiterinnen aus dem BAD zur Flucht in die Schweiz verholfen haben. War die Flucht geglückt, so sei eine Karte gekommen „mit lieben Grüßen von Tante Margret“. Auch habe Kurt Schonhardt von Dr. Zorbach gelegentlich Medikamente bekommen, die er – Schonhardt – den Frauen zugesteckt habe. Dies sei dem Arzt später bei der Entnazifizierung zugute gekommen. Belegt werden konnte dieser Bericht insofern, als berichtet wird, auf dem Dach des BAD sei eine Rotkreuzfahne angebracht gewesen und „unterm Dach“ habe sich eine Werkstatt befunden, wo „von Frauen“ Handtaschen hergestellt worden seien. Diese Aussagen waren bisher nicht genauer zu belegen.
Deutsche Mädchen und Frauen, die sich mit Kriegsgefangenen „einließen“ riskierten, dass ihnen der Kopf kahl geschoren wurde. Der Gefangene selbst riskierte die Todesstrafe.

Mündlicher Überlieferung zufolge wollte ein Mädchen mit einem „Deserteur“ in die Schweiz fliehen – sie wurden geschnappt.

April 1945 - Der Krieg war vorbei

Am 25. April kamen die Franzosen!
Im Unterschied zu Furtwangen, wo die Haustüren geschlossen bleiben mussten, hatte die Besatzungsmacht in Gütenbach „Plünderungsrecht". Unverbesserliche hatten die Straße nach Simonswald gesprengt – die Frauen bezahlten dafür. Zur Strafe mußten die Haustüren offen bleiben. Viele Frauen wurden in dieser Nacht, z. T. mehrfach vergewaltigt. Ein Wehrmachtsoffizier, dessen Frau mehrfach vergewaltigt wurde, soll zu ihr gesagt haben, "du hättest dich lieber erschießen lassen sollen". Auch aus Rohrbach berichtet Christabel Bielenberg selbst nach dem Waffenstillstand noch von einem solchen Verbrechen.[90] Als Engländerin, als Frau mit großem Selbstvertrauen, konnte sie offensichtlich manchen Übergriff der Besatzer verhindern, bzw. rückgängig machen. Eine der ersten Amtshandlungen der Besatzungsmacht war die Anordnung, Radios, Fotoapparate, Fahrräder, abzuliefern.
Der Krieg war zwar offiziell vorbei, doch der Kampf ums Überleben begann noch immer jeden Tag von neuem. Bei Donaueschingen wurde ein liegen gebliebener Proviantzug geplündert. Die Frauen gingen hamstern, meist auf die Baar, aber auch ins Simonswälder Tal, mit Leiterwägele oder zweirädrigen Karren, oft mit dem Risiko, gegebenenfalls mit dem Hund vom Hof gejagt zu werden. Neben Puppen waren auch Besen aus zarten Birkenzweigen ein willkommener „Kompensationsartikel". Eine Zeitzeugin berichtet, daß es durchaus unterschiedliche Besenqualitäten gab – feine Stubenbesen aus Birkenreisig, Küchen- und Stallbesen aus Erlensträuchern. Mit Kopftüchern und Kittelschürzen, mit Hakken und Gabeln taten sie, als gingen sie aufs Feld. Unter den neuen Herren durfte man sich zunächst ohne Passierschein nicht mehr als acht Kilometer von der Wohngemeinde entfernen. "Kreativität" im Umgang mit den Vorschriften war also überlebenswichtig. Nun war also eine Gütenbacherin zusammen mit ihrer Schwester

aus Furtwangen unterwegs auf die Baar. In Vöhrenbach stand neben dem Rathaus an der Hauptstraße ein Schilderhäuschen mit einem Posten. Die Furtwangerin zeigte den gültigen „Passierschein“ über 8 Kilometer, die Gütenbacherin schob den ihren gespielt lokker hinterher. Hatte der Posten nichts bemerkt? Er ließ die beiden jedenfalls passieren. Oft erkannten die Vöhrenbacher potentielle Hamsterinnen, die der Baar zustrebten, an ihrer „Verkleidung“ und wiesen ihnen unauffällig den Weg durch die Marktstraße. Frauen kamen zu Fuß aus Freiburg „auf den Wald“ und bettelten um Kartoffeln, sei es auch nur eine Einzige. Eine Freiburgerin wird zitiert „ich habe weniger Angst nachts um zwölf durch den Kohlerwald zu gehen als in Freiburg durch die zerstörte Stadt“. Die Frauen aus dem Bregtal, die gut zu Fuß waren, machten sich im Frühjahr 1945 mit Handwagen und Tragkörben auf den Weg bis zum Kaiserstuhl – rund 60 Kilometer – um Jungpflanzen für den Garten zu erhamstern, die dann wieder gegen Milch, Eier oder Getreide eingetauscht wurden. Von der Baar brachten die Unermüdlichen meist Getreide, Saubohnen, manchmal auch Weißkraut mit heim. Unmittelbaren Einfluss auf die unzureichende Lebensmittelversorgung hatten aber auch die Ansprüche der Besatzungsmacht. Es war wohl zu allen Zeiten so, dass sich das Militär aus den besetzten Gebieten zu versorgen hatte. Über Schwarz-Schlachtungen, die es ohne Zweifel gegeben haben muss, oder auch entsprechende Strafen war nichts in Erfahrung zu bringen.

Ein geflügeltes Wort besagte damals, den „Bauern fehle nur noch der Perserteppich im Stall“. Daraus sprach sicher auch ein gewisser Neid, denn die Bauern wurden natürlich auch nicht verschont. Wer irgendwie konnte, las Ähren – in dieser Gegend hauptsächlich Roggen – grub die letzten, vergessenen Kartoffeln aus der Erde. Die Bauern beklagten sich über geplünderte Kartoffelfelder. Alte Mühlen wurden reaktiviert. Für ein Kilo Mehl gab es ein Kilo Brot. Der Müller vom „Kreutzbeck“ in Gütenbach trennte das Getreide nicht nur in Mehl und Kleie sondern diese darüber hinaus noch in Futter- und spelzenfreie Suppenkleie.

Die Frauen warteten und hofften – auf die Heimkehr von Ehemännern, Söhnen, Brüdern.

Noch in den Apriltagen 1945 fiel ein Furtwanger beim Rückzug nach Villingen, ziemlich genau zu der Zeit, da seine Frau ihr erstes Kind bekam.

Im Löwen/Breg etablierte sich ein „Begegnungszentrum" spezieller Art, wie überall, wo es Militär bzw. Besatzungsmächte gibt.

Klara Bär schreibt dazu in ihren Tagebuch-Notizen „Gasthaus zum Löwen (Breg) ist ein Freudenhaus, Französinnen und Araberinnen".

„Viele Hühner und Schafe werden laufend geholt und es wird auf die Jagd gegangen. Die Wiesen sind in großen Stücken von den vielen Pferden völlig abgeweidet."

„Man ging zum Hamstern mit dem Fahrrad nach Urach, Neukirch und Tannheim, bekam 2 – 3 Liter blaue Milch, eine Scheibe Brot, etwas Fett, das von der Brühe vom Schinkenkochen abgesiebt wurde, dieses aber nur gegen Hamsterware wie Feuersteine, Feuerzeuge usw.

Das Brot war meistens aus Maismehl gemacht und schmeckte nicht gut. Aus Maismehl machte man auch notdürftig Kuchen. Pfannkuchenteig rührte man mit Bier an, da Milch fehlte. Die Männer mußten im Wald Holz machen und man gab ihnen Pfannkuchen und Kartoffelsalat mit. Wir legten uns einige Hasen zu".

Klara Bär heiratete 1947, also noch vor der Währungsreform. Sie berichtet, auf welchen abenteuerlichen Wegen sie zum Spitzenstoff fürs Brautkleid und zu Strümpfen kam, wie man die Zutaten fürs Hochzeitsmahl erhamsterte: „Ein Spanferkel holte mein Vater aus Tannheim bei einem Kriegskameraden, ebenso Weizen den man mahlen ließ zu Mehl und Suppengrieß, eine Hose gegen ein Hemd vom Katzensteig, ein kleines Fäßchen Wein vom Kaiserstuhl gegen Herberts Ziehharmonika, zu Fuß mußten wir den Wein holen, für eine Eisbombe bei Zuckerle (Cafè) mußten wir Milch, Zucker, Eier erhamstern". [91]

Das junge Ehepaar hatte keine eigene Wohnung, eine Schlafzimmereinrichtung war nur über „ganz gute Bekannte" zu erhalten.

Allmählich kamen die Männer zurück. Und der Eine oder Andere musste sich damit auseinandersetzen, ob er sich scheiden lassen oder dem Kind „eines Anderen" Vater sein wollte. Bekannt ist aber auch das Drama, dass eine Frau von einem Gefangenen ein Kind bekam. Um ihre Ehe zu retten, ließ sie das Kind fallen. Sie kam ins Gefängnis, die Ehe zerbrach. Was aus dem Vater des Kindes geworden ist, war nicht mehr zu erfahren. Ein ehemaliger Soldat erzählte, dass, während er im Krieg war, seine Frau sich scheiden lassen wollte, weil sie von einem Anderen schwanger war. Und – so erzählte der alte Mann weiter – er habe später eine alte Bekannte wieder getroffen – inzwischen Mutter eines unehelichen Sohnes. Nach reiflichem Nachdenken habe er beschlossen, sich über alle Konventionen hinweg zu setzen und nun eben diesem Kind ein „guter Vater" zu sein.

Eine der Schwiegertöchter von Wilhelmine Mayer wartete auch – umsonst ! Nach Jahren wandte sie sich einem anderen Mann zu, den der Krieg nach Furtwangen verschlagen hatte. Weil sie gemeinsame Kinder hatten, wollten sie heiraten, doch zuvor musste der Ehemann für tot erklärt werden. Im Lauf des Verfahrens meldete sich dann aber ein Mann, der den Vermissten am Eismeer gesehen haben wollte. Als nach weiteren Jahren die Todeserklärung - nicht ohne Verbitterung in der Verwandtschaft – anerkannt wurde, war der neue Partner bereits verstorben. Mit ihrer Witwenrente und dem Verdienst aus mehreren Putzstellen zog sie ihre sechs Kinder groß.

Ein anderes Drama: Ein Soldat kam in russische Gefangenschaft wurde in ein sibirisches Lager gebracht und weil er keine Chance sah, jemals wieder nach Hause zu kommen, heiratete er dort noch einmal. Ca. 1958 durfte er dann doch – allein – nach Deutschland zurückkehren und kehrte zu seiner ersten Frau zurück.

Es kamen die Flüchtlinge, die Heimatvertriebenen –
vor allen Dingen natürlich Frauen und Kinder. Sie brauchten Wohnungen! Die neuen Normwohnungen mit Wohnküche und Bad mit integrierter Toilette waren sehr begehrt und ab und zu riefen sie auch die Mißgunst der Einheimischen hervor..
Nach der Währungsreform im Juni 1948 füllten sich die Schaufenster und Läden mit all den lange vermissten Dingen. Auch die Frauen im oberen Bregtal wollten endlich wieder „schön" sein nach all den entbehrungsreichen Jahren. Sie benutzten Bier als Haarfestiger (es funktionierte wirklich und roch auch nicht unangenehm). Sie genossen am Wochenende Tanz und Kino, Perlonkleid und Petticoat. "Dior" war ein Begriff. Konfektionsware war praktisch unerschwinglich, daher stand Selbstschneidern nach BURDA-Moden hoch im Kurs. Der Traum aller jungen Frauen war ein Paar der sündhaft teuren Nylons – wehe die schwarze Naht saß nicht schnurgerade. Die Laufmaschen! Entweder man verkünstelte sich selber mühselig beim Aufnehmen oder man trug sie in die darauf spezialisierten Handarbeitsgeschäfte. Nach einigen Tagen bekam man sie zurück.
Der Friseur-Salon von Mutter und Tochter Schmitz(-Rombach) in der Wilhelmstraße hatte ungeahnten Zulauf. Dass man vor der Teilnahme an einem Fest, sei es Hochzeit oder Jubiläum, kilometerweit – z. B.von Gütenbach nach Furtwangen – zu Fuß ging, um sich Dauerwellen legen zu lassen, war nicht ungewöhnlich. In der Furtwanger Friedrichschule und im Gütenbacher Rathausneubau entstanden im jeweiligen Untergeschoss „Volksbäder". Das war für die Mütter eine große Erleichterung.

*

Elisabeth Selbert geb. 1896, eine der vier „Mütter des Grundgesetzes“.
Ihr ist es zu verdanken, daß die Gleichberechtigung der Frauen explizit ins Grundgesetz kam.
Sie war bereits sechs Jahre verheiratet und Mutter zweier Söhne, als sie 1926 ihre Reifeprüfung ablegte. Anschließend studierte sie Rechtswissenschaften und erhielt 1930 den Doktortitel zuerkannt. Im Dritten Reich freilich durfte sie „nur“ als Rechtsanwältin arbeiten. Nach dem Krieg engagierte sie sich politisch in der SPD und wurde Mitglied des Parlamentarischen Rates, der den Auftrag hatte, das Grundgesetz zu entwerfen.

*

Allmählich entstanden neue Wohnungen, alte wurden saniert.
Ab Anfang der 50er Jahre konnten sich die jungen Männer ein (leichtes) Motorrad ersparen. Und so eine Fahrt auf dem Sozius war natürlich der – von der Elterngeneration kritisch beäugte –Traum aller jungen Mädchen. Die Zeit war reif für die langen Hosen, zumindest für die jüngeren Frauen. Allmählich traute sich die eine oder andere auch allein in ein Lokal. Aber noch lieber ging man mit der besten Freundin. Allein auf eine Tanzveranstaltung zu gehen, war kaum vorstellbar. Der, oft mit Kernseifenflocken bestreute, Tanzboden lockte. Vico Torriani sang. Doch noch immer war ein Mädchen, das womöglich einen jungen Mann bat, sie auf Motorroller oder Moped nach Hause zu bringen, „unten durch“. Es galt damals als eindeutiges Angebot!
Noch immer konnten Eltern bestraft werden, die dem Freund einer Tochter erlaubten, bei ihr zu übernachten. Volljährig wurde junge Menschen mit einundzwanzig Jahren.
Der Umgang der Geschlechter miteinander war längst nicht so unbefangen wie „heute“.
Meist fing es damit an, daß ein junger Mann ein Mädchen von ei-

ner Tanzveranstaltung nach hause begleitete, mit ihr „heim ging". Holte er mit der Zeit das Mädchen am Sonntagnachmittag zuhause ab, so war das in der Beziehung schon ein großer Schritt weiter. Die Leute sagten „jetzt geht er schon heim zu ihr"!

Wurde einer jungen Frau in der Frühmesse „schlecht", so war – zumindest im Dorf – allen klar, daß „die beiden" nun heiraten „mussten." Die Öffentlichkeit spähte „ob man es schon sieht" und überlegte sich, ob „sie es wagen würde", Kranz und Schleier zu tragen. Doch natürlich wurde über dieses Thema in vielen Umschreibungen geredet. Eine „Muß-Hochzeit" mutierte zur „Marmeladen-Hochzeit" (Mus(s) = Marmelade)

Die Kehrseite dieses nostalgischen Rückblicks wird nur noch selten thematisiert. Die allein stehenden Mütter hatten für die Familie zu sorgen, immerhin „durften" sie eine halbe Stunde länger als die Männer, nämlich von 11 bis 13 Uhr, Mittagspause machen.

Über die „Schlüsselkinder" wurden, wie schon nach dem ersten Weltkrieg, Hektoliter von Krokodilstränen vergossen. Damals gab es noch die 48-Stundenwoche, auch samstags wurde bis Mittag gearbeitet. Es ist kaum bewusst, wie positiv sich die Gewerkschafts-Kampagne zum ersten Mai „Samstags gehört Vati uns" auch auf die allein stehenden Mütter und ihre Kinder auswirkte – der Samstag war nun weitgehend erwerbsarbeitsfrei.(Ob es den Gewerkschaften bewußt war?) In REFA-Kursen lernten Meister und Vorarbeiter noch in den siebziger Jahren, dass Frauen – Mütter vor allem – noch an anderes (Familie usw.) zu denken hätten und daher nicht auch noch im Betrieb mit Verantwortung belastet werden dürften. Mit dieser vordergründig gut gemeinten Absicht konnten die Frauen natürlich selbst von den einfachsten, verantwortlichen Positionen – z. B. Vorarbeiterin/Saalschreiberin – fern gehalten werden. Überhaupt herrschte die Überzeugung vor, dass Frauen stumpfsinnige Arbeiten leichter „wegsteckten" als Männer.

Ab Mitte der 60er Jahre tauchten die ersten (italienischen) „Gastarbeiterinnen" im Stadtbild auf. Die Strumpffabrik von Josef

Sommer aus Schlesien etablierte sich. Als erste und einzige Firma in Furtwangen führte sie einen Betriebskindergarten. Er bestand wohl von 1964 bis 1974.

War ihr Einkommen bisher in aller Regel als „Zuverdienst" definiert, so waren nun die Frauen – wenn auch unfreiwillig – zu „Ernährerinnen" geworden. An der Entlohnung änderte das freilich nichts.

In den 60er Jahren vollzog sich ein Strukturwandel in der Arbeitswelt: Immer mehr Mädchen strebten eine Berufsausbildung an. Schon gleich nach der Währungsreform suchten die Frauen Arbeit in den Fabriken – eine langfristige Existenzsicherung wurde angestrebt – denn wie viele Männer (Ernährer) kamen aus dem Krieg, physisch und psychisch verwundet, verkrüppelt oder gar nicht mehr nach Hause. Der „Frauenüberschuss" – wen wunderts - wurde zur statistischen Größe. Immer mehr Frauen konnten/mußten sich außer Haus im Berufsleben etablieren. Dazu trug natürlich auch die weitgehende Elektrifizierung der Haushalte ab etwa Mitte der fünfziger Jahre bei. Die Kinderzahlen gingen zurück. Immer selbstverständlicher waren die jungen Frauen vor der Heirat einige Jahre berufstätig – in den meisten Fällen freilich als ungelernte Hilfskräfte, um sich die Aussteuer zu verdienen. Der Wirtschaftsaufschwung, die neuen Bildungsmöglichkeiten veränderten Ansprüche und Konsumverhalten und trugen zu einem neuen weiblichen Selbstbewusstsein bei. Jeans und Minirock drängten auf den Markt. Bikinis tauchten auch im Furtwanger Schwimmbad auf. Ausbildungs- und Konsum-Möglichkeiten veränderten das weibliche Selbstwertgefühl gründlich.

Die 1960er- und siebziger Jahre, das war auch die Zeit der Studentenproteste, Disco-Samstage im Don-Bosco-Heim und als neuer gesellschaftlicher Höhepunkt der Semesterball in der Fachhochschule. Die Mädchen hofften auf eine entsprechende Einladung, waren stolz, einen Studenten zum Freund zu haben. In der Studentenzeitung forderte ein Autor eine „Frauenfachschule" weil die

Möglichkeit, in Furtwangen Mädchen kennen zu lernen doch sehr begrenzt sei.

Die antiautoritäre Erziehung wurde thematisiert, die „Grünen" gründeten sich und die Frauen waren an all diesen Prozessen aktiv beteiligt. 1975 zog Christa Hajek als erste Furtwanger Stadträtin (SPD) ins Kommunalparlament ein.

Die Antibabypille hielt Einzug und wurde natürlich auch in Furtwangen ebenso leidenschaftlich diskutiert wie die Reform des Paragraphen 218 – „Lieber zehn auf dem Kissen als eins auf dem Gewissen". Unverheiratete, bzw. geschiedene Mütter standen noch immer unter der Aufsicht des Jugendamtes.

Die Miterwerbstätigkeit der Frauen – Fremdenverkehr und Zimmervermietung

Nachdem Furtwangen ab 1893 durch die Bregtalbahn verkehrsmäßig erschlossen war, entwickelten sich die ersten zaghaften Ansätze des Fremdenverkehrs. Nach den Industrievertretern kamen die ersten Sommerfrischler, oft ausgewanderte Verwandte, die es in der Fremde „zu etwas gebracht" hatten. In den Gaststätten fanden Frauen und Mädchen eine Existenz oder wenigstens Teilzeitverdienst als Zimmermädchen, Servierfräulein oder Küchenhilfe. Der erste Weltkrieg, Inflation und Wirtschaftskrise machten der Entwicklung freilich ein schnelles Ende. Doch schon 1922 brachte der Verkehrsverein einen „Führer durch Furtwangen und Umgebung" heraus. Einen neuen Schub erfuhr der Fremdenverkehr in den dreißiger Jahren durch die Aktion „Kraft durch Freude" des Nationalsozialismus. 1942 meldete die Stadtverwaltung an die KdF-Außenstelle Donaueschingen 877 weibliche und 569 männliche Gäste.

Einwohner des Oberen Bregtals stellten vor allem ihre Eheschlafzimmer (Zimmer mit Frühstück) zur Verfügung – auf dem Waschtisch die Sets aus Porzellan, Steingut oder Email, Waschkrug und -schüssel. Die Haus- bzw. Wohnungseigentümer selber quartierten sich über den Sommer unterm Dach oder in Abstellräumen ein.

Diese „Nebenerwerbs-Quelle" lebte in den fünfziger Jahren erneut auf. „Kurgäste" waren eine begehrte Einkommensquelle. Die Hausfrauen besorgten in der Frühe zu Fuß oder per Fahrrad eilends frische Brötchen, holten die guten Tischdecken und das Kaffeeservice aus dem Nußbaum- oder Eichenschrank. Der „Bohnenkaffee" hielt, wenn auch sparsam, Einzug und so manche Gastgeberin genehmigte sich selbst verstohlen eine hastige Tasse.

Später kamen die Studenten – sie hatten im Sommer lange Semesterferien, so dass sich beides – Kurgäste und Studenten – gut in Einklang bringen ließ. Mündlicher Überlieferung zufolge waren die

Wochenendheimfahrer – Studenten , die über die unterrichtsfreien Tage nach Hause fuhren – besonders beliebt, denn sie verbrauchten in dieser Zeit weder Strom noch Wasch- noch Klospülwasser.

Die Heimarbeit

Nach dem zweiten Weltkrieg gab es ab einem Familieneinkommen von DM 900.- kein Kindergeld mehr. Die Vergleichszahl eines Ehepaares belegt, dass noch 1963 der Verdienst aus der Heimarbeit ein Viertel bis ein Drittel des Familieneinkommens ausmachte. Oft halfen abends und am Wochenende auch die Familienväter mit. Häusliche Miterwerbstätigkeit war also immer noch bitter nötig. Unbestritten ist aber auch, dass erst durch diesen Miterwerb der Ehefrau und Mutter manche der schönen Dinge angeschafft werden konnten, die auf ihre Weise das Leben erleichterten und verschönerten – z. B elektrische Haushaltsgeräte oder Musiktruhen u. Ä. Ja, nach einem Bericht der Badischen Zeitung wurde so manches Gütenbacher Eigenheim „ auch durch Heimarbeit mitfinanziert".
Die Arbeitgeber hatten durch die Vergabe von Heimarbeit gewisse Vorteile – sie mussten keinen Arbeitsplatz vorhalten. Sie konnten – wenn sie wollten – die Arbeit so verteilen, dass für diesen Personenkreis keine Sozialbeiträge fällig wurden, es gab ja eine so genannte Bemessungsgrenze. Im Umkehrschluss hieß das, die Heimarbeiterinnen waren oft weder kranken- noch rentenversichert. Einerseits! Andererseits gab es Heimarbeit ja nicht immer regelmäßig, es gab daher auch Firmen – dies sei ausdrücklich dankbar erwähnt – die diese Bemessungsgrenze „kreativ" handhabten, so dass die Mitarbeiterin versichert blieb.
Aber: Mütter mussten ja nicht nur „arbeiten" sie mussten auch „sorgen". Die Familie – Babies, Schulkinder, Ehemann – musste versorgt werden. Bei der Heimarbeit waren die Frauen ja krankenversichert. Aber wehe, sie wurden beim Sorgen erwischt oder verpetzt. Das hatte den Entzug des Krankengeldes zur Folge. Ein elender Spagat! Und so mussten die Mütter aufpassen, dass sie rechtzeitig ins Bett oder aufs Sofa schlichen, bevor Gemeindeschwester oder Arzt auftauchten. Wie oft diese beide Augen zudrückten, wird man freilich nie erfahren.

Die Firma Gebr. Faller,

In den fünfziger Jahren entwickelte sich die Spielwarenfabrik Gebr. Faller in Gütenbach zum größten Heim-Arbeitgeber in der Region. Ihre Geschichte ist „exemplarisch für den Schwarzwald und fast schon legendär“[92]. In der ganzen Raumschaft zwischen Gütenbach, Furtwangen Waldau und Simonswald waren die wohlbekannten Faller-Kombis unterwegs. Das Zusammen-Kleben der Häuschen, das Packen der „Bausätze“, die Herstellung der Bäumchen und des sonstigen Zubehörs erforderte viel Platz und so manche Wohnstube wurde in einen Fabrik-Arbeitsplatz umfunktioniert. Am großen Eßtisch neben der Sesselgruppe falteten die Mütter Kartons, sortierten Spritzlinge, klebten die Papp-Stanzformen für die Häuschen zusammen, trugen den Grieß-Verputz auf – nicht selten mit einem Kleinkind auf dem Schoß. In der Blütezeit des Unternehmens, Ende der 60er, Anfang der 70er Jahre zählte die Heimarbeitergarde rund 365 Köpfe. In Furtwangen gab es insgesamt wohl um die 50 Faller-Heimarbeiterinnen. Zwei von ihnen betreuten sogenannte „Sammelstellen“. Je eine in der Bismarck- und eine in der Albert-Schweitzer-Straße. Eine der Betreuerinnen berichtet, dass die Firma Faller ab ca. 1956 in ihrem Haus in der Bismarckstraße eine „Sammelstelle“ unterhielt, die für 20 – 25 Heimarbeiterinnen zuständig war. Dorthin brachten die Faller-Kombis das Material für die Häuschen, Bäumchen usw. – Stanzformen, Farbe, Leim, Sägespäne, Mowicoll. Dorthin kamen die Heimarbeiter auch aus der weiteren Umgebung. Mit Leiterwägele und Fahrrädern brachten sie das Material in Einzelfällen wohl bis nach Donaueschingen. Da half die ganze Familie mit. Sägespäne wurden gefärbt und getrocknet. Auf dem Spirituskocher wurde Leim heiß gemacht und mit den grün gefärbten Sägespänen vermischt, das gab die „Kronen“ für die Bäumchen und die Blumenkästen an den Fenstern. Den „Zahltag“, d. h. die Gehaltstüten, holte die Betreuerin mit dem Moped ab und gab sie an die Heimarbeiter/innen weiter.

Im Lauf der Jahre aber hatten sich die Firmen aber so weit automatisiert, daß die einstigen Vorteile der Heimarbeit nicht mehr ins Gewicht fielen. Ab dem Jahr 1968 rationalisierte auch die Firma Faller. Da sei dann „Flugtag" gewesen, viele seien entlassen worden.

1988 resümiert ein nicht genannter Autor in der „Badischen Zeitung" in einem ausführlichen Beitrag die Lage der Heimarbeit im Bezirk Furtwangen/Gütenbach: „Beim Arbeitsamt Schwarzwald-Baar-Kreis sind sie – die Heimarbeiter – schon im Jahre 1981 aus der Statistik herausgeflogen und in den heimischen Unternehmen spielen sie – wenn überhaupt – nur noch eine Nebenrolle!". Die Aussage des Leiters der FALLER-Heimarbeit, daß die Betriebs-Arbeiterinnen „nicht immer mit der erforderlichen Akuratesse" gearbeitet hätten, muß natürlich relativiert werden. Die Betriebs- ebenso wie die Heimarbeiterinnen arbeiteten Akkord. Dabei standen die Betriebsarbeiterinnen sicher unter vergleichsweise stärkerer Kontrolle. Wenn eine Heimarbeiterin genauer arbeitete, bekam sie dafür einfach relativ weniger Lohn!

Die außerhäusliche Erwerbstätigkeit

Eine Pressemitteilung des Arbeitsamtes dokumentiert diese Abwärtsentwicklung der Heimarbeit. Das Arbeitsamt berichtet über massive Veränderungen infolge betrieblicher Rationalisierung und Automatisierung. Bezogen auf das Stichjahr 1965 ging die Heimarbeit im Furtwanger Bezirk bis 1975 auf 21,1 % , das sind 363 Personen, zurück.

1976 meldete das Arbeitsamt für Furtwangen 10 Betriebe, die Heimarbeit vergaben.[93] Vergleiche sind schwierig, weil es auch da Differenzierungen, ja gewisse Formen von „Privilegien" gab. Mancher Betriebs-Mitarbeiter durfte wohl – das ist wieder „mündliche Überlieferung" – nach Feierabend noch unauffällig (man wollte Missgunst vermeiden) Arbeit mit nach Hause nehmen.

Nach dem 2. Weltkrieg gab es zwar gesetzliche Regelungen. Die Rechtsvorschriften für Heimarbeiter wichen aber teilweise von denen für Betriebsarbeiter ab. Am 17. Oktober 1974 berichtet die Neckarquelle über die Novellierung des Heimarbeitergesetzes, das u.a. die Angleichung der Löhne an die der Betriebsarbeiter fest legen sollte. Doch z. B. sparen sich die Heimarbeiterinnen im Vergleich zu diesen ja auch lange Wege.

Die Frage, wie die Heimarbeiterinnen zu ihrem Material kamen, wird vorsichtshalber nicht thematisiert.

In der Wirtschaftskrise der 70er Jahre wurden die jungen Frauen aber wieder regelrecht animiert, aus der Berufstätigkeit auszuscheiden – die „industrielle Reserve-Armee" wurde wieder zum Schlagwort. Geködert wurden die Frauen mit der Auszahlung der bislang eingezahlten Rentenbeiträge. Nur Wenigen war klar, dass sich dieses Angebot nur auf die selbst eingezahlten Beiträge bezog. Darunter leiden viele Rentnerinnen bis heute.

Ergänzend ist anzumerken, daß sich im Lauf der Jahre die „Hausfrauenschichten" etablierten, d. h. es wurde in vielen Firmen abends eine vierstündige „Hausfrauenschicht" angeboten. Das bedeutete, wenn der Vater zuhause war, ging die Mutter arbeiten.

Öffentlichkeit - Frauen „sind einfach da"

Ein Frauen-Verband, der sich im oberen Bregtal neben den konfessionellen Frauengruppen langfristig im Bewusstsein der Öffentlichkeit halten konnte, sind ohne Zweifel die Landfrauen mit ihren vielfältigen Aktivitäten. Der Rohrbacher Verband besteht seit mehr als 40 Jahren, der Furtwanger seit etwa 20 Jahren.

Einen „Durchbruch" stellt auch die Teilhabe der Frauen an der organisierten Fasnacht dar.

In der sogenannten „Elfimeß" am Rosenmontag 1972 trat wohl die erste Furtwangerin in die Bütt. Schon 1974 jedoch sind sie zu dritt. Frauen sind heute die „tragenden Säulen" der Veranstaltung. Dass Frauen inzwischen Vereinsvorsitzende sind, ist eine Selbstverständlichkeit.

Anlässlich der Kommunalwahl 1962 setzten die Furtwanger Sozialdemokraten zum ersten Mal nach dem 2. Weltkrieg eine Frau auf die Kandidatenliste. Erwartungsgemäß hatte sie keine Chance. Auch die Kandidatin von 1968 erreicht nicht die nötige Stimmenzahl. Das traf die Furtwanger Sozialdemokraten tief. Sie tendierten dazu, keine Frau mehr aufzustellen.

In den 80er Jahren saßen vier Frauen im Gemeinderat. Zwei von der SPD, zwei von der CDU. Sie waren alle verheiratet, drei berufstätig, drei hatten Kinder.

In der zweiten Hälfte der 80er Jahre schlug ein FDP-Stadtrat vor, eine Frauenbeauftragte zu berufen! Eine Rathausmitarbeiterin sollte den Job mit übernehmen, es sollte ja nichts kosten. Die Verwaltung mauerte, machte eine Vorlage: Eine Frauenbeauftragte braucht natürlich ein Büro, einen Dienstwagen und eine Sekretärin. Was das kostet!

Zur Verblüffung ihrer Fraktionskollegen lehnten die SPD-Frauen den Vorschlag ab. Sie sahen es als Schritt in die falsche Richtung, den Frauen abermals eine Spielwiese, bzw. eine Klagemauer zuzuweisen. Ihnen schien das „Learning by doing", die Lebenserfahrung des politischen Alltags einfach notwendig. Der Vorschlag wurde also aus unterschiedlichen Gründen nicht weiter verfolgt. Bezeichnend ist auch die „mündliche Überlieferung“ nach der sich die Schwestern des Krankenhauses eines Tages als Dienstkleidung Hosenanzüge wünschten. Das Waschen sei zu teuer, begründete die Stadtverwaltung damals ihre ablehnende Haltung. Doch der Gemeinderat beschloß, die Betroffenen sollten selbst entscheiden dürfen.

Ein eigenes Profil freilich konnten die Frauen auch parteiübergreifend nicht entwickeln. Sie konnten sich z. B. nicht dagegen wehren – Mehrheit ist Mehrheit – dass die Haushaltsberatungen auf den 22. Dezember, drei Tage vor Weihnachten, angesetzt wurden - es war halt so! Haushaltsberatungen dauern bekanntlich Tage und Wochen!

Sind die Frauen im Raum Furtwangen nun in der „Moderne“ angekommen? In vielen Bereichen des öffentlichen Lebens ja, insofern sie Teil haben an den übergreifenden Veränderungen der politischen und rechtlichen Verhältnisse. Verwaltungen, Behörden, Vereinsvorstände mussten sich z B. über gesetzlich korrekte Adressen-Formulierung die Köpfe zerbrechen. „Delegiertinnen“ und ähnliche Sprachungetüme rumorten im Polit-Jargon. In Feuerwehr und Fußball, in Gemeinnützigkeit, Sport und Kultur haben sich die Frauen etabliert. Ehrenämter, wie einen Vereinsvorsitz inne zu haben, ist schon fast zur Selbstverständlichkeit geworden. Viele Männer sind einfach „müde“, „frustriert“ geworden. Es ist eine Frage der Zeit, wann es mehr weibliche als männliche Vereinsvorsitzende geben wird. In der (Kommunal)-Politik freilich fehlt offensichtlich noch der „Resonanz-Körper“.

Aber auch die Frauen des Oberen Bregtals sind Teil eines größeren Ganzen – einer patriarchalen Kultur, einer „Zwei-Reiche-Lehre“ die „den Männern“ die Definitionsmacht , den Frauen die Rezeption zuschreibt. Frau kann sich diesem Gesellschaftsbild (versinn-

bildlicht durch den „Vater Staat") „zuschalten" – das gesellschaftliche und wirtschaftliche Gefälle ist noch längst nicht überwunden, das bestätigt auch die mediale Öffentlichkeit. In einem Beitrag „Frauen ohne Macht" Im SÜDKURIER vom 18.Juni 2008 läßt Daniela Schröder die dänische Europa-Politikerin Margot Wallner zu Wort kommen: "Frauen und Männer mit ihrem unterschiedlichen Wissen und ihrer unterschiedlichen Erfahrung ergänzen einander". Das sei auch eine Frage der politischen Repräsentation.
Die Lohnstatistiken der Nachkriegszeit sprechen ihre eigene, bittere Sprache:
Nach den Informationen des Statistischen Landesamtes Baden –Württemberg sehen sie – in Euro umgerechnet - folgendermaßen aus:

Jahr	Männer (Bruttostundenverd.)	Frauen (Bruttostundenverd.)
1950	0,71	0,46
1965	2,24	1,60
1975	5,72	3,97

Im Sommer 2008 berichten die Medien, dass das Gesamt-Einkommen der Frauen um 22% unter dem der Männer liegt. Frauen sind zu 35% voll berufstätig. Es sind – wie überall – vor allem die Mütter, die in Teilzeit, im Niedriglohnsektor arbeiten.

Arbeit ist noch immer nicht gleich Arbeit! Wo gibt es die Statistiken, die die Stunden und Kilometer zählen, die Mütter im Auto sitzen um ihre Kinder zur Schule, zu Sportveranstaltungen, einschließlich Trainingsstunden, zu kulturellen Veranstaltungen zu fahren? (Der erste Führerschein einer Furtwangerin datiert vermutlich aus den dreißiger Jahren des letzten Jahrhunderts) Kinder-Erziehung ist erst (qualifizierte) „Arbeit" wenn sie außerhalb der Familie von bezahlten Kräften geleistet wird. Noch im 21. Jhd. sind die Mütter auf die Gebärmutter zurück geworfen, der Kopf bleibt abgehackt. Haben sie Kinder, müssen sie ihre Arbeitskraft zu wesentlich schlechteren Bedingungen verkaufen – es ist halt so – auch im oberen Bregtal. Auch im Jahr 2008 werden Kinder, bzw. Familie, mit Privatheit, mit Freizeit, mit „Hobby“(Raffelhüschen) gleich gesetzt, obwohl Staat und Wirtschaft sie vollkommen wertfrei in der Funktion künftiger Steuer- und Beitragszahler längst in ihre Rechnungen eingebaut haben. Weibliche Arbeit ist weitenteils noch immer „Zu“-verdienst, das Betreuen der Familie nämlich, das wird als „Sorge / sorgen“ definiert. Das Bonmot „Sind sie Hausfrau oder arbeiten sie“ lebt noch immer.

Die Öffentlichkeit – auch im Raum Furtwangen – nimmt aber auch mit Schrecken und Hilflosigkeit zur Kenntnis, dass die herrschende Kultur immer weniger trägt. Das traditionelle Väterbild ist längst zerbrochen, ein künftiges kaum in Umrissen erkennbar. Es wird wohl noch lange dauern, bis sich aus diesen kulturell konstruierten Gegensätzen Vater und Mutter ein komplementärer Eltern-Mythos konstituiert hat. Auch in Furtwangen!

Anhang

Die Unvergessenen -

soweit sie mir bekannt wurden. Die Aufstellung ist sicher unvollständig.

Christabel Bielenberg war die Ehefrau des Hamburger Rechtsanwalts Peter Bielenberg, der im Krieg zum Widerstand fand. Über diese Jahre, die sie mit ihren drei Buben im Gasthaus Adler in Rohrbach als Evakuierte aus Berlin verbrachte, hat die Verwandte eines englischen Zeitungszaren zwei Bücher veröffentlicht „ Als ich Deutsche war“ und “Mein weiter Weg nach Munny House“.

Jenny Guttenberg, geb Jäger. 1907 bis1992 (Keramikmalerei mit Schwarzwälder Motiven)
Mit ihrem Ehemann, dem Arzt und Furtwanger Original Fritz Guttenberg, zog die in Frankfurt geborene Pfarrerstochter 1937 nach Furtwangen. Die ausgebildete Sport- und Werklehrerin hat auch als Mutter von fünf Kindern ihr „Hobby“ gepflegt. Zunächst illustrierte sie Kinderbücher und begann dann – meist nach Kundinnen-Wünschen - Keramikrohlinge mit Schwarzwaldmotiven zu bemalen. Viele Furtwanger Frauen sind bis heute stolz auf diese Form von „Sammler-Motiven“ auf Blumenvasen, Tafel- und Kaffeeservices.

Catharina Heim geb. Kreuzer
1839 – 1916. Catharina Kreuzer heiratete den Kaufmann und Bankier Julian Heim.
Bei der Gründungsversammlung des kath. Frauenvereins 1876 wurde sie zur Präsidentin gewählt und führte dieses Amt bis 1906, wofür sie mit der Friedrich-Luisen-Medaille geehrt wurde. Die FN berichten in einem Nachruf am 7. März 1916, dass sie auch eine „tüchtige Geschäftsfrau“ gewesen sei. Ihre Tochter Maria, die1886

den Bankier Josef Werber geheiratet hatte, schenkte sechs Kindern das Leben. Maria Werber geb. Heim starb jedoch bereits 1895. So vertrat die Großmutter Catharina Heim „lange Jahre“ Mutterstelle an ihren Enkelkindern.

Agnes Kirner
Geboren 1893. Sie engagierte sich für das Rote Kreuz und wurde 1997 zum Ehrenmitglied ernannt. Anläßlich ihres 80. Geburtstages 1973 wurde sie mit der Bürgermedaille geehrt, 1977 wurde ihr das Verdienstkreuz am Bande verliehen.

Carla Koch
Die „Mutter der hundert Kinder“ (gest. 1992)
Carla Koch, spanisch-mexikanischer Abstammung, kam 1914 in Hamburg zur Welt. Durch Zufall wurde sie 1950 zusammen mit ihrem Sohn nach Furtwangen verschlagen, wo sie dann im Brosihäusle 41 Jahre lebte. Ein Zufall bescherte ihr auch das erste Pflegekind. Damit entdeckte Carla Koch ihre Lebensaufgabe. Insgesamt dürften es sogar mehr als hundert Kinder gewesen sein, an denen sie „Mutterstelle auf Zeit“ vertrat. Vielen Furtwangern war sie vertraut durch die Teilnahme ihrer „ganzen Familie“ an den alljährlichen Fastnachtsumzügen. 1981 wurde sie mit der Bundesverdienstmedaille ausgezeichnet.

Maria Kremling, geb. Grieshaber. (1890 – 1920). Die junge Frau, Tochter des Hotelier-Ehepaares Grieshaber vom „Ochsen“, war zwar für das Hotelfach ausgebildet. Ihre große Leidenschaft aber galt dem Fotografieren. Fotografenmeister Albert Ziegler, Stammgast im „Ochsen“, hat ihr offenbar das Handwerkliche beigebracht. Viele Fotos des Städtchens aus der Zeit vor und während des ersten Weltkriegs sind ihr zu verdanken. Das „Ochsenmariele“ veröffentlichte Bilder z. T. in Zeitschriften. Die „Glockenserie“ - als die Glocken abgeliefert werden mußten - fiel jedoch der Zensur im ersten Weltkrieg zum Opfer. (vgl. Bildband zur Chronik)

Irma Nägele (Rotkreuz-Suchdienst)
Geboren wurde sie 1911. Nach dem Zweiten Weltkrieg übernahm sie in Furtwangen den „Suchdienst" des Roten Kreuzes und erhielt für „ihre nimmermüde Suchdienstarbeit" vom Kreisverein Donaueschingen durch Bürgermeister Zier ein Buch überreicht (Schreiben v. 28.5.1957 Archiv Gisela Hoch) Testamentarisch stellte sie „ihren Körper der Wissenschaft zur Verfügung".

Klara Werber, geb. 1889 war die Enkelin von Catharina und Julian Heim, die Tochter von Maria und Josef Werber. Nach einem so genannten „wilden Abitur", auf das sie von einem Onkel vorbereitet wurde, studierte sie Mathematik und Naturwissenschaften. Sie wurde Oberstudienrätin und verfasste neben dieser Lehrtätigkeit „Die Lehenshöfe von Furtwangen und ihre Besitzer".

Karoline Woller – viele Jahre Vorsitzende des kath. Arbeiterinnenvereins, auch in anderen Vereinen – Bismarck- und Bürgerausschuss - aktiv. Mit dem Bundesverdienstkreuz wurde sie aber offensichtlich nur ausgezeichnet, weil sie 58 Jahre in der Badischen Uhrenfabrik tätig war. Ihre öffentlichen, ehrenamtlichen Aktivitäten sind mit keinem Wort erwähnt.

Sie waren bei den „Ersten"
Die Liste ist sicher unvollständig

Die erste Stadträtin	Elfriede Stehling
Die erste Fraktionsvorsitzende(SPD)	Christa Hajek
Die erste Trägerin des Bundesverdienstkreuzes	Karoline Woller
Die erste Trägerin des Verdienstkreuzes am Bande und der Bürgermedaille	Agnes Kirner

Die erste Freie Krankenschwester	Margarete Dold
Die erste Führerschein-Inhaberin (Fuhr- und Taxi- Unternehmen)	Frau Spath
Die erste Turnwartin	Hilde Braun
Die erste Motorrad-Fahrerin	Gerlinde Spath
Die erste Büttenrednerin	Anneliese Weißer

Endnoten

[1] Zundel,Rolf; DIE ZEIT v. 29.03.1985
[2] Kimmig, Manfred; Die Sage vom Pesthof in: Die Chronik von Rohrbach Hrsg. Stadt Furtwangen 1981
[3] Beckmann, Ludger; Von Kriegen, Märkten und wechselnden Herrschern in: Furtwangen – Beiträge zur Geschichte einer Stadt im Schwarzwald 1179-1873 Furtwangen im Schwarzwald 2004
[4] Bender, Gerd; Die Strohflechterei im Raum Furtwangen in: Furtwangen – Beiträge zur Geschichte einer Stadt im Schwarzwald1179-1873 Furtwangen im Schwarzwald 2004
[5] Scherer, Robert; Furtwanger Straßennamen erzählen Geschichte(n) Furtwangen 1999
[6] Siedle, Robert; Fünfzig Jahre Furtwanger / Fotomechanischer Nachdruck Bezirkssparkasse 1975
[7] Nagel, Klaus; Carnifices Trimontani – Von Scharfrichtern und Hingerichteten in Triberg in: Heimatblätter 1/1998
[8] Nagel, Klaus; Carnifices Trimontani – Von Scharfrichtern und Hingerichteten in Triberg in: Heimatblätter 1/1998
[9] Hug, Ernst; Matthias Faller, der Klosterbildhauer von St. Peter St. Märgen
[10] Dorer, Bernhard; Bäuerliches Leben – Lehenshöfe begründen die Stadt in: Furtwangen – Beiträge zur Geschichte einer Stadt im Schwarzwald 1179-1873 Furtwangen 2004
[11] Hug Ernst; Vier Schwarzwälder Frauengestalten St. Märgen 1999
[12] Hug, Ernst; Vier Schwarzwälder Frauengestalten St. Märgen 1999
[13] Mone; Das Eherecht der Hörigen vom 13. bis 16. Jahrhundert in Baden-Württemberg / Zeitschrift für Geschichte des Oberrheins Stuttgart 1856
[14] Werber, Klara; Die Lehenshöfe von Furtwangen und ihre Besitzer / 2. Auflage mit einer Einleitung von Hans Hiebl. Hersg. Vom Geschichts- und Heimatverein Furtwangen e. V. 1978
[15] Dorer, Bernhard; Bäuerliches Leben – Lehenshöfe begründen die Stadt in : Furtwangen – Beiträge zur Geschichte einer Stadt im Schwarzwald 1179-1873 Furtwangen 2004
[26] Werber, Klara; Die Lehenshöfe von Furtwangen und ihre Besitzer 2. Auflage mit einer Einleitung von Hans Hiebl, Hersg. V. Geschichts- und Heimatverein Furtwangen e.V. 1978
[17] Lauble, Hans; Wa d' Wälder gschaffe hen / Mitteilungen des Geschichts- und Heimatvereins Furtwangen e. V. Nr. 2/1979
[18] Kahlert, Helmut; Frauen im Schwarzwälder Uhrenhausgewerbe in Schwarzwald-Baar-Almanach 2006 /30. Folge

[19] Werber, Klara; Die Lehenshöfe von Furtwangen und ihre Besitzer 2. Auflage mit einer Einleitung von Hans Hiebl Hersg. V. Geschichts- und Heimatverein e. V. Furtwangen 1978

[20] Jäger, Robert / Beckmann, Ludger; Die Besitzverhältnisse des Hauses Katzensteigste.Nr. 1 im 19. Jh. in: Mitteilungen des Geschichts- und Heimatvereins Furtwangen e. V. Nr. 34 /2005

[21] Dorer, (Sr.Seraphina) Emma; 500 Jahre Dorer in Furtwangen / Geschichte einer Schwarzwälder Bauernfamilie Sonderdruck aus „Badische Familienkunde" 1973und 1974, Herausgegeben von Albert Köbele, Grafenhausen bei Lahr

[22] Hohkamp, Michaela; Herrschaft in der Herrschaft: Die vorderösterreichische Obervogtei Triberg von 1738-1780 in: Veröffentlichungen des MPI für Geschichte 142 Göttingen 1998

[23] Hohkamp, Michaela; Häusliche Gewalt – Beispiele aus einer ländlichen Region des mittleren Schwarzwaldes im 18. Jahrhundert in: Physische Gewalt; Studien zur Geschichte der Neuzeit hrsg. von Thomas Lindenberger und Alf Lüdtke / 1. Auflage Frankfurt a. M. 1995

[24] Kahlert, Helmut; 300 Jahre Schwarzwälder Uhrenindustrie / 2. vollständig überarbeitete und aktualisierte Auflage / Gernsbach 2007

[25] Bender, Gerd; Die Strohflechterei im Raum Furtwangen in: Furtwangen – Beiträge zur Geschichte einer Stadt im Schwarzwald 1179-1873 Furtwangen im Schwarzwald 2004

[26] Kahlert, Helmut; 300 Jahre Schwarzwälder Uhrenindustrie / 2. vollständig überarbeitete und aktualisierte Neuauflage / Gernsbach 2007

[27] Bender, Gerd; Die Strohflechterei im Raum Furtwangen, in: Furtwangen – Beiträge zur Geschichte einer Stadt im Schwarzwald 1179 -1873 Furtwangen im Schwarzwald 2004

[28] S.o.

[29] Andès, Louis Edgar; Die Verarbeitung des Strohes zu Geflechten und Strohhüten; Ein Hand- und Hilfsbuch für Strohflechtereien, Flechtschulen Strohhutfabrikantren, Landwirthschaft usw. mit 167 Abbildungen; Hartlebens's chemisch-technische Bibliothek Bd. 232 Wien Pest Leipzig

[30] Lauble, Hans; Wa d' Wälder gschaffe hen / Mitteilungen des GHV Nr. 2 1979

[31] S.o.

[32] Kahlert, Helmut s. o.

[33] Kahlert, Helmut /Hoch, Aribert; : Die Furtwanger Gewerbeausstellung von 1862 in Mitt. Des GHV Nr. 25/1996

[34] Bittmann, Karl; Hausindustrie und Heimarbeit im Großherzogtum Baden zu Anfang des XX . Jahrhunderts Karlsruhe 1907

[35] Dorer, Emma; s. o.
[36] BGB 1900 §1362
[37] Niejahr, Elisabeth; Romantik trifft Vernunft in: DIE ZEIT Nr. 39 / 20. Sept. 2007
[38] Südkurier 15.10.1988
[39] Duffner, Arthur; Schwarzwälder Leben (Gedichte in Schwarzwälder Mundart) Karlsruhe 1900
[40] Stadtarchiv Akte 242/1 (1837-1872) ebd. Schreiben Fridolina Hepting v. 26.10.1860
[41] Stadtarchiv Furtwangen Akte 240/4 Heft1444
[42] Stadtarchiv Furtwangen Akte 245 /1 1903
[43] Verband Arbeiterwohl; Hrsg) Das häusliche Glück /Vollständiger Haushaltungsunterricht nebst Anleitung zum Kochen für Arbeiterfrauen /11. verbesserte Auflage Mönchen Gladbach und Leipzig 1882 (neu herausgegeben von Richard Blank 1975)
[44] Unterweisungen über das anständige Benehmen in verschiedenen Lebenslagen zunächst für bürgerliche Kreise.
[45] Fehrenbach, Hermine; Kochbuch (Handschrift) (Archiv GHV)
[46] Moser, Otto; Die Vorgeschichte der Friedrichschule in: Wo d' Wälder in d' Schuel sin Bd. 1 Mitteilungen des GHV Nr.15 Oktober 1986
[47] Stadtarchiv Furtwangen Akte 240/4 Heft 1444
[48] Scherer, Robert; Die Geschichte der Friedrichschule in: Wo d' Wälder in d' Schuel sin Bd. 2 /Mitteilungen des GHV Nr.29/30 2000/2001
[49] Stadtarchiv Furtwangen 1C248
[50] Führer durch die Furtwanger Gewerbeausstellung 1862
[51] Feurstein, Heinrich; Lohn und Haushalt der Uhrenfabrikarbeiter des badischen Schwarzwaldes Karlsruhe 1905
[52] Vorstand des Deutschen Metallarbeiterverbandes; (Hrsg.) Die Lage der Schwarzwälder Uhrenarbeiter nach Erhebungen der Agitations-Kommission der Schwarz wälder Uhrenarbeiter in Schwenningen im März 1898 Stuttgart 1898
[53] Kienzler, Arnold; Die Arbeirnehmervertretung der S. Siedle & Söhne Stiftung & Co. Furtwangen von Arnold Kienzler mit Nachtrag von Rolf Burger und Norbert Staudt
[54] Schramm, Max Otto; Die neue Hausärztin: Ein Lehrkurs der Heilkunde von Max Otto Schramm, A. Nagy und Frauenärztin Dr. Schlügg München 1920
[55] Beha, Josef; Helfen und Pflegen: Ordensschwestern in Furtwangen in: Unterwegs zu den Kranken und Alten / Zehn Jahre Sozialstation Oberes Bregtal Hrsg. Sozialstation Oberes Bregtal 1989

[56] Beha, Josef s. o.
[57] Furtwanger Nachrichten 24.02.1910
[58] Furtwanger Nachrichten 16.02.1916
[59] Furtwanger Nachrichten 24.02.1910
[60] Furtwanger Nachrichten 18.01.1915
[61] Furtwanger Nachrichten 07.06.1915
[62] Furwanger Nachrichten 07.06.1915
[63] Backenecker, Heinrich; Der Altkatholisch-Evangelische Krankenpflegeverein Furtwangen in: Unterwegs zu den Kranken und Alten / Zehn Jahre Sozialstation Oberes Bregtal Hrsg. Sozialstation Oberes Bregtal Furtwangen 1989
[64] Beha, Josef; s.o.
[65] Furtwanger Nachrichten 21.11.1930
[66] Schwarzwälder Gewerbehalle 28.10.1901
[67] Vorstand des Deutschen Metallarbeiterverbandes s. o.
[68] Verband Arbeiterwohl; (Hrsg) Das häusliche Glück /Vollständiger Haushaltungsunterricht nebst Anleitung zum Kochen für Arbeiterfrauen 11. verbesserte Auflage Mönchen Gladbach und Leipzig 1882 (neu herausgegeben von Richard Blank 1975)
[69] Meitzen, August; Über die Uhrenindustrie des Schwarzwaldes / Diss. Breslau 1848 Erweiterter Nachdruck in: Alemannia 28 (1900)
[70] Hoch, Maria; Vortrag zur Bauernküche aus dem Jahr 1715 (Nachschrift eines Tonbandvortrages o . J.)
[71] Furtwanger Nachrichten 03.03. 1903
[72] Furtwanger Nachrichten 18.01.1915
[73] Furtwanger Nachrichten 07.06.1915
[74] Furtwangen 1873-1930 Bildgeschichten aus der Uhrenstadt / Begleitband zur Stadtchronik Furtwangen / Hrsg. von Wilfried Dold im Auftrag der Stadt Furtwangen Vöhrenbach 2000
[75] Zipfel, Karl; Erinnerungen / Mitt. des GHV Nr. 21 1992/93
[76] Furtwanger Nachrichten 10.06.1918
[77] Furtwanger Nachrichten 29.11.1918
[78] Südkurier 15.10.1988
[79] Buchmann, Gerhard; Wa d' Wälder gschaffe hen in: Mitt. des GHV Nr. 2 1979
[80] Siedle, Robert; Fünfzig Jahre Furtwanger 1924 / Fotomechanischer Nachdruck Bezirkssparkasse Furtwangen 1975
[81] Furtwanger Nachrichten 14.12.1932
[82] Schwarzwälder Tagblatt 28.03.1933
[83] Furtwanger Nachrichten 15.02.1934
[84] Buchmann, Gerhard; Die Bewohner der Arche von 1904 – 1999 in: Mitt.

Des GHV Nr.34 /2005

[85] Bursche-Rieber, Ilse; Frauenleistung im Kriege Zentralverband der NSDAP Berlin 1941

[86] Furtwanger Nachrichten 10.09.1934

[87] Benz, Ute; (Hrsg.) Frauen im Nationalsozialismus / Originalausgabe 1993 München Beck'sche Reihe 1038

[88] Bielenberg, Christabel; Als ich Deutsche war 1934 – 1945 5. Aufl. München 1972

[89] Papp, Anton; Katalog zur Ausstellung „150 Jahre Innovationskultur Von der "Großherzoglich Badischen Uhrmacherschule zu Furtwangen" zur Fachhochschule Furtwangen (University of Applied Science)
Furtwangen 2000

[90] Bielenberg, Christabel; Es war ein weiter Weg nach Munny House 2. Aufl. München 1994

[91] Bär, Klara; Die französische Besatzungszeit in: Mitt. des GHV 35/2006

[92] Badische Zeitung v. 12.8.88

[93] Arbeitsamt Villingen-Schwenningen Pressemitteilung 23/75 v. 27.10.1975